U0069146

RAISING AWESOME KIDS

教子有方

梁牧山與蕾兒夫婦 *Sam and Geri Laing* 著 吳欣怡/趙恬綺/林政嘉 譯 周善謙 審校

國家圖書館出版品預行編目資料

教子有方 / 梁牧山（Sam Laing）, 蕾兒（Geri Laing）著；吳欣怡、趙恬綺、林政嘉譯. --〔臺北縣〕新店市：主流, 2010.09　面：　公分.--（生活叢書；3）
譯自：Raising awesome kids – reloaded: being the most important influence in your children’s lives
ISBN 978-986-86399-0-4（平裝）

1.基督徒　2.親職教育　3.子女教育

244.99　　99014534

目錄

開場白

十四個年頭、三百多萬大學學費、一個婚禮、五次搬家、兩隻狗、三年都沒懷孕、接著三年之內就生了三個小貝比！……自從替我父母親寫了第一本書的開場白之後，光是我一個人的生命就發生了這麼多事情，更別說我們梁家一大家子了！

看著這個家逐漸茁壯，我們的生命旅程真是一場緊張又刺激的冒險，我得承認，這本書第一次出版後，我和弟弟妹妹們有時候真的厭倦了別人硬要把我們比喻成「歡樂家庭」，還有隨之而來「你們真是好優秀的孩子喔！」這類刺耳的話，但是我們從來沒有忘記，我們擁有多麼偉大的父母和家庭！

當我看到弟弟大緯成為牧師，結了婚並且有了自己的兒子，我的內心充滿了驕傲；二弟佑恩取得了經濟碩士的學位，開始追求他的職業生涯，同時仍然全心全意地服事神；而我們的妹妹小雅呢？目前正是校園團契中一個發光發亮的學生領袖呢！

這些事情給了我許多的希望，只要我照著父母親養育我們的方式，還有他們經營這個家的模式，有一天，我的孩子也會給我同樣的驕傲和喜悅。直到今天，我們梁家一家人還是最享受在一起的時光，而我也一直禱告我和我的丈夫阿凱，可以讓我們自己的家庭也一樣地甜蜜。

過去十年在校園團契和教會中的經驗，讓我更加確信，一個家庭真的會深刻並長久地影響著我們。一而再、再而三，我都會輔導到一些女孩，面對她們成長背景帶來的影響而痛苦地掙扎。一個屬神的家庭，當然不能百分之百保證你會成為一個有為的年輕人，也不會保證你有個完美的人生，但是它絕對會幫你一個大忙，為你奠定了公義和良好個性的基礎，讓你作出明智的人生抉擇。

一直到今天，我的父母親都還在教養我們，當然方式和以前大不相同了。當我結婚後，他們就退到一旁，讓我丈夫擔任我屬靈生命中的主角，但是當我需要忠告和鼓勵時（我可是常常都有需要），他們一直都在我身旁付出。

養兒方知父母恩，養育自己孩子長大成人的過程中，我對父母的敬佩和感激也不斷地增加（我們到現在還在等一個溫和好相處的孩子，不過我想我們兩人都沒有這些基因吧），當我努力維持神智清醒，並且試著將神的愛灌輸到我那三個頑固小孩的心裡時，我母親仍然是我最棒的人生導師。

最近我和一個朋友聊天，她哭訴自己在養育孩子的過程中，充滿了不安全感和失敗感。她自己在一個動盪不安的家庭中成長，她的家中充斥著毒癮和謊言，現在她很努力想要建立一個屬神的家庭，卻強烈地感到自己過去生命中的欠缺，她的家庭沒有良好的經驗可以給她任何幫助。

她的遺憾讓我更加感謝我的家庭，我有這麼多美好的回憶，可以幫助我教養自己的孩子，雖然我不是什麼育兒專家，但是至少我有一個屬靈的幸福家庭，這就是我心裡最豐盛的育兒寶典。當我那兩歲的孩子瞪著我，兩個漂亮的大眼睛卻閃耀著強烈的叛逆時，我開始覺得天旋地轉，但是我還不至於跌倒，真是多虧我的家庭給我的力量。

我說這些是想要鼓勵所有的父母親，不要放棄帶領你的家庭邁向屬靈之路，不管你有沒有感受到，不管你的孩子承不承認，他們正在看你怎麼做，並且全盤吸收到他們小小的心靈中，你的後代子孫都會因為你的努力而享受到豐盛的成果。即使世代愈來愈艱難，我還是真心地希望，並且為你們祈求，有一天，所有的讀者都會感謝神，感謝祂使我們有能力養育出優秀的孩子。

梁莉莉

初版介紹

「把拔，我在這裡……我在這裡，把拔……把拔，我在這裡吶……」我那兩歲大的女兒不停地重複著，當時我把自己關在廚房，正在餐桌前忙著準備信息，她的聲音穿透廚房的門，很禮貌、卻非常堅持地叫著我。

那是禮拜六的晚上，時間已經非常晚了，我還在苦思明天早上的講道內容，我內心的憂慮和挫折感不斷地升高，更加壓抑了我的靈感和領悟力。而我那兩歲的女兒莉莉，已經洗好澡準備要睡覺了，她只是想跟我道聲晚安，卻搞得我更加心煩意亂。

「現在不行，小寶貝，把拔在忙！」她還是沒有停下來。

「把拔，我就在這裡啊！」她真的很堅持。

我繼續回絕她，儘可能地溫柔，但是一點兒用也沒有。

「把拔，我在這裡……把拔，我在這裡吶……」

我試著沉默不答，如果我不出聲的話，也許她就會累到放棄。

但是只過了一下下，那個微小的聲音又出現了：「把拔，我在這裡呦……」

我終於投降了，「好啦！小寶貝，妳自己進來吧。我真的很忙！」

廚房的門緩緩地打開了，慢慢地發出嘎嘎聲，然後又關上了，我的眼睛還是盯在講道的稿子上，我希望莉莉看到我就可以乖乖地去睡覺。她走進廚房，靜靜地站在我的椅子後面，我還在苦苦思索，想要擠出一個像樣的講道題目，卻一點頭緒也沒有。我整個人全神貫注，完全忘了我那稚嫩的女兒還沒走開。

接著，從我背後傳了一個小小的聲音：「把拔，我就在這兒。」

「把拔，我就在這兒。」難道不是孩子想要對我們說的話嗎？他們和我們一起「就在這兒」，而他們需要我們。外面的世界「在那兒」，充滿了煩惱和困難，而且好像年紀愈大，問題就愈多，也愈難解決。我們必須把握這短暫的珍貴時光，好好教養我們的孩子。

這本書會幫助你成為更好的父母，我和蕾兒會和你分享我們蒐集的經文，還有許多美好的育兒經驗，我們希望這些教導，會大大地幫助你們，就像它們大大地幫助了我們一樣。

我們不敢妄想成為完美的父母，或是完美的家庭，我們只是盡力照著神的方式去做，沒想到祂賜給我們充滿驚喜的祝福。我們熱愛神所賜予的生命，我們一起享受生命，全家人都玩得超開心的！

我跟你保證，我們都經過孩子的允許才敢爆他們的料，我們不希望讓他們難堪，也不希望把他們放在鎂光燈之下。他們和他們的爸爸媽媽一樣，都只是平凡人，有他們的優點，也有他們的缺點，如果一點點小爆料可以幫助到你，那我們梁氏一家子，都會非常開心地說出我們真實的狀況。

在你嘗試將本書付諸行動之前，拜託你先仔細地讀完它，這不只是一本「教戰手冊」，它最終的目的，是希望幫助你用屬神的態度去思考和行動。書中論及的許多議題，很難恰當地強調、衡量和釐清，因此很容易造成誤解和誤用，我們特別想要強調，本書中所說的高標準和強力的管教，都要在充滿愛、喜樂和幸福的家庭氣氛中來執行。

如果你們家需要特別的幫助和意見，我鼓勵你和成熟、屬神的門徒一同商議，請一些經驗老道的輔導來幫忙，你們所面臨的狀況，可能需要很有智慧和客觀的協助，也需要一些時間。

喔，對了，我故事還沒說完呢！莉莉不是還站在我的身後嗎？

當我聽見她的聲音之後，我放下我的筆，轉過身去，微笑地把她抱在我的懷裡，溫暖又感動的淚水瞬間滋潤了我的眼眶，我抱著她和她聊了幾分鐘，用力抱緊她然後把她放下，她小小的身軀搖搖晃晃地走回她房間，臉上帶著滿足的微笑，乖乖地準備上床睡覺。

我女兒想要跟我說一些事，一開始我並沒有真的聽進去，她需要我的愛、我的注意力，而她不知道該怎麼表達。她想要跟我在一起，而我呢？「很忙耶！」

等到莉莉成為青少年，甚至念大學的時候，她還是常常這樣靜靜地溜到我的身旁，沉默了一會兒之後，我會問她：「小寶貝，妳想要談一談嗎？」然後我們就會有很棒的交談，之後給彼此一個緊緊的擁抱，她總是帶著滿足的微笑走出去。每一次我看到她這樣走出去，都會非常感謝我終於學到那個晚上她要傳達的訊息。

也許你也聽到孩子們的聲音了，不論他們是大聲地表達，還是眼神充滿渴望、靜靜地溜到你的身旁。他們只有短短的幾年和你在一起，如果你錯過這些珍貴的時間，你很快就會知道，他們一下子就會「在那兒」，在那廣大的世界外面，如果你沒有好好地養育他們，他們很快就會被外面的世界吞沒。趁你和他們一起「在這兒」的時候，竭盡所能地給予你所有的，他們會變得非常棒！

如果這本書可以帶給你一點點的幫助，那我們一切的努力就值得了！

梁牧山與蕾兒

新修訂版介紹

這本書第一次出版是在一九九四年，這當中整個世界發生了劇烈的變化，手機、iPod、facebook、千禧年、九一一恐怖事件、全球經濟大衰退……養育孩子本來就是「不可能的任務」了，而這一切的變化，真是讓父母的重責大任雪上加霜啊！

時代在變，但是神的話語卻不會變，我們身為父母親的，需要清楚知道周遭的變化，但是我們也要不斷回歸到聖經永恆不變的智慧中，只有在這當中，我們才能找到永不出錯的答案，這是我們迫切需要的。

我和蕾兒針對每一章的內容做了更新，我們也因應世界的變化而新增了三章，有一章會幫助你應付眼花撩亂的最新科技，另外一章引導你面對步調愈來愈快、壓力愈來愈大，但是道德觀卻愈趨墮落的社會；還有一章教導父母親和孩子們在心靈層面緊密相連，這個需要是永遠不會改變的。

初版的《**教子有方**》幫助了上一個世代的基督徒教養他們的孩子，我們衷心地祈求，新修訂版也能夠同樣地幫助這個新世代的父母親。

當我們第一次寫這本書時，我們孩子的年紀是十七歲、十四歲、十二歲和六歲，現在他們變成了卅二歲、廿九歲、廿六歲和二十歲，老大莉莉和老二大緯都已經結婚生子了，佑恩完成了他的碩士學位，目前在外地工作，而小雅才剛上大三而已。我們一家六口聚在一起吃晚餐，一起擠在我們的小車去渡假，好像是昨天才發生的事！時間真的過得好快啊！

當我們回憶過往的幸福時光，我們的內心充滿了喜樂，但是我們當然同樣喜歡現在的狀況，我們四個孩子都成為熱情獻身的基督徒，他們和我們還有彼此之間的關係都非常緊密，老大和老二找到了非常棒的另一半，而他們的孩子更是可愛極了。如果你在我年輕的時候問我，我的生命會不會有這麼美好，我一定無法想像神這樣豐盛地傾福與我。

這本書初版時所提到的聖經法則真的行得通！一九九四年我們撰寫這本書時，還正在用這些方法教養我們的孩子，根據我們對聖經的理解，我們相信神要我們這樣做，如果這當中我們做對了，那都是從神而來的；任何美好的結果都是神的榮耀，都是出於祂豐盛的恩典，還有祂無限的智慧。要是讓我們自己來，我們根本不知道要怎麼辦，也早就迷失在茫茫大海之中。

神知道要怎麼把事情做得對，聖經是祂慈愛的禮物，用來指引我們，不只可以指引我們邁向天堂，更可以指引我們活在當下。只要我們將神的話存在心裡，並且在生活中身體力行，神的祝福必定超過所求所想。

我們沒有把每一件事都做得很完美，以前沒有、現在也沒有，如果可以重來一次，我希望能夠把一些事做得更好；我們的家庭不是完美的，神並沒有預先安排好我們成為一個和諧融洽的甜蜜家庭，我們和所有的人一樣，必須努力對抗我們的罪性、軟弱，缺陷和失敗，我們家也有一些烏雲籠罩的日子，喔！不只呢，是烏雲滿布的好幾個禮拜、好幾個月、甚至好幾年。

但是經過了這麼多年，神的愛和恩典從來沒有離開過我們，祂的憐憫赦免了我們的罪行，祂的慈愛遮掩了我們的過錯；當我們迷失的時候，祂的靈引導我們，當我們精疲力盡時，祂的靈使我們剛強起來。

此時此刻，祂仍與我們同在，我們該做的事還有很多，還有兩個孩子還沒結婚呢！不管我們多想幫忙，我們也不能幫他們選擇未來的另一半！我們有好幾個孫子可以共享天倫之樂，但是也要幫助他們一起邁向天堂之路；神還交代了好多事給我們做：好多書要寫、好多講章要講、好多課程要教、好多人要幫，而我們也需要更多的課程和信息來幫助我們！

每一天，我都感謝神是如此賜福給我們家的每一個人，還有我的女婿、媳婦和孫子孫女，每一刻都是祂的禮物，除了天堂之外，我們這一大家子，就是我生命中最大的喜樂了。

我深深地知道，蕾兒也知道，這些福氣是從何而來，都是從那位充滿慈愛的父親而來。當我們醒悟過來，走上回家的路時，祂遠遠地看見我們，就衝過來緊緊地抱著我們，不斷親著我們，我們還來不及向祂道歉，祂就打斷我們的懺悔，用祂的寬恕、祂的慈愛、祂的接納和尊貴包圍我們，將一切上好都拿出來給我們，為我們舉辦盛大的歡迎會。從那一天開始，這個歡樂的慶祝會還在繼續著，音樂和舞蹈都沒停過，直等到我們歡聚天家的那一刻，那時，所有的悲傷都不再被記念，而愛的喜悅，會將一切修復得煥然一新。

梁牧山與蕾兒

2008年10月

Part one: foundations

第一部：地基

01 最重要的擺第一

「若不是耶和華建造房屋，建造的人就枉然勞力。」（詩篇127:1）

在這世上我們都有最愛的人、最愛的東西，對你來說，那是什麼呢？現在就想想而且誠實地回答，如果你需要幫忙，請你的孩子來回答這個問題，如果他們年紀夠大，他們不但能答得出來，而且絕對是赤裸裸的事實。你辛辛苦苦養育孩子的一切夢想、一切努力，能否有個美滿的結局，都取決於這個答案。如果答案是正確的，這本書會是你很有力的幫手；如果答案是錯誤的，那麼你注定要經歷沮喪、心痛和失敗，再多的才智和心理諮商都修補不了你的房屋，如果房子的建造者不是神。

耶穌必須是我們的最愛，祂必須是我們生命最大的渴望，祂必須是我們的生命，而不只是生活中的一部分而已。耶穌不是行事曆中一個只是為了幫助我們的個人生活或家庭生活更圓滿的項目而已；祂必須是生命之輪的軸心，而不是眾多輪軸中的一條而已；祂不會是我們生命中的副駕駛，祂要不就是機長，要不就早已離開你生命的駕駛艙了。

耶穌期望我們作真正的門徒：

「凡不背著自己十字架跟從我的，也不能作我的門徒。」（路加福音14:27）

這段經文講得更仔細：

「於是叫眾人和門徒來，對他們說：『若有人要跟從我，就當捨己，背起他的十字架來跟從我。因為，凡要救自己生命的，必喪掉生命；凡為我和福音喪掉生命的，必救了生命。人就是賺得全世界，賠上自己的生命，有甚麼益處呢？』」（馬可福音8:34-36）

保羅也曾說過：

「基督是我們的生命，他顯現的時候，你們也要與他一同顯現在榮耀裡。」（歌羅西書3:4）

「我已經與基督同釘十字架，現在活著的不再是我，乃是基督在我裡面活著。」（加拉太書2:20）

「因我活著就是基督，我死了就有益處。」（腓立比書1:21）

我們必須有優先順序，這是一切的關鍵，我們不要以為這是不實際的理論而拋諸腦後，一股腦兒地去追求教養小孩所謂的「實務課程」。

如果你只在表面上宗教化，那也是不可行的，就算你很投入在一個火熱的教會中，那也是不夠的，你的孩子必須看見耶穌又真又活地在你生命中，而且你與祂同行，愛祂如弟兄。在家中你是個怎樣的人，那就是真實的你，沒得偽裝，真實得很！如果你是偽善者或外在虔誠而已，就算只有一點點，孩子也能分辨得出來，而且他們會對此感到厭惡和苦惱。

但我要提醒你，聖經上並沒有保證，一對熱切事奉的基督徒父母，一定會教出同樣愛神的孩子，有些例子是他們的孩子並沒有成為基督徒，又有些是後來離棄神的。神給每個人自由意志，當然也包括孩子，有時候就算我們盡了一切努力，孩子還是有可能遠離耶穌。

我想說的是，如果我們自己的生命絕大部分都不在耶穌的帶領之下，那麼孩子親近祂的機會當然會大幅減少。

當然所有的父母都不是完美的，也會有掙扎，孩子會明白我們的軟弱，也會原諒我們，但是「偽善」絕對會扼殺他們純潔的信心和理想。

另外還有個問題，也許我們自己很努力地遵守耶穌的教導，但我們卻忽略了（或是不夠勤奮）把聖經的教導傳承給下一代，我們並沒有仔細聆聽神對於「如何成為好父母」的教導。

也就是說，在教養孩子上，屬世的智慧有時會比屬神的智慧影響我們更多，如果我們在各方面都無法遵守聖經的教導，例如對孩子該有怎樣的期望、如何建立他們的信心、如何建造一顆愛神的心、如何教導訓練他們、如何去愛同時也管教他們等，那麼傳承的結果必然是失敗；也就是說，我們自己進得了天堂，但孩子卻未必能接收到相同的信念。

我說這些並不是要讓你沮喪，而是想激勵你、喚醒你，並幫助你盡可能成為最棒的父母。

我想跟你分享我兒子佑恩十歲時寫給我的一張生日卡片，我想讓你明白一個孩子有多麼欣賞我們對神的愛、覺察力有多麼敏銳，就算他還年幼。

親愛的爸爸：

生日快樂！！！！你成功了！哈！哈！哈！哈！我超級超級愛你！如果要把你為我做的事都寫下來，我的手會斷掉！你是全世界最棒的爸爸！！你是那麼有紀律，每天都靈修，最重要的是你對神那顆超級棒的心，我真的超級超級欣賞你的！你還教了我好多東西，像是橄欖球，我以前連丟球都不懂呢！沒有你我就只是一個超遜的小孩。我希望你有一個超級棒的生日，喜歡你的新東西，我非常愛你！晚安！！！！

愛你的佑恩

卡片上許多字句都令我感動，但讓我最感動也最驚訝的是，他對我與神的親密關係的感受力和覺察力，他不但感受得到，而且也深受感動。在為神奪回他靈魂的爭戰中，我已經勝了一大半了！而且到如今這還是深深影響著他，到現在他寫給我的卡片中還是傳遞著相同的訊息。

我們都曾作決定要追隨耶穌，但現在呢？我們在哪裡？我們都曾大發熱心，但也許僅限於結婚前或生小孩前。眾多生活的變化使我們分心，就像蕾兒常說的：「我活得愈久，就愈明白：要對神充滿信心、堅持到最後有多難！」

「今生的思慮、錢財、宴樂」、「錢財的迷惑，和別樣的私慾」（路加福音8:14；馬可福音4:19）很容易擠進來悶死我們跟神的關係，神所賜的禮物像是配偶、孩子、工作地位，都可能變得至高無上，取代我們對神的愛，或者我們允許一些合情合理的事，讓我們過分擔憂分心，以至於我們無法專注在屬靈的事物上。

如果這是你的情況，再一次全心全意地尋求神吧！把祂放回至高無上的位置，如果你讓神居首位，那麼你便有了穩固的基礎，能夠建立一個很棒的家庭。

假如神居首位，那誰排第二呢？應該是我們的配偶！我們愛他（或她）應該勝過世上任何一人，勝過愛我們的父母，勝過愛我們的孩子，勝過任何人、任何事，在這個世上最深的愛應該給予我們的終身伴侶。

我們和配偶不論是在肉體上和屬靈上都應緊緊連合，直到末了，耶穌這樣說：

「耶穌回答說：那起初造人的，是造男造女，並且說：『因此，人要離開父母，與妻子連合，二人成為一體。』這經你們沒有念過嗎？既然如此，夫妻不再是兩個人，乃是一體的了。所以，神配合的，人不可分開。」（馬太福音19:4-6）

總有一天，我們的孩子會長大離家，我們養育他們，讓他們可以獨立，建立自己的生活，但我們卻會一輩子和老伴在一起。孩子是我們的血脈，但配偶卻是我們骨中的骨、肉中的肉，這之間的差別甚為顯著。

我們有些人傾注所有的愛在孩子身上，卻因此忽略了婚姻。

錯亂的優先順序，原意是要幫助孩子，最終卻會害慘了他們，他們不應被放在那個特殊的位置，神早把這個位置保留給配偶。如果你的世界總是繞著孩子轉，他們會變得自大、沒安全感，甚至二者都有，孩子不會從這個至尊的地位得到喜樂和自信，這些應是來自於神，其次來自於他們父母彼此深切地相愛。

婚姻容易變得冷淡，因為刺激和浪漫感覺逐漸消失。我們嘴裡常說自己實在太忙，而且我們有孩子了，我們不像從前那樣有時間單獨相處。你必須明白：第一是愛神，其次是深深地愛著你的配偶，這是你所能為孩子做最重要的事。

誠實地檢視你的婚姻，你們是否已疏遠了？是否不再充滿歡笑了？是否不斷鬥嘴爭吵？是否瀰漫著緊張冷淡的氣氛？是否爭著想要作主？是否充滿傷人的諷刺、刺耳的對話？是否在孩子面前爭吵？如果是這樣，我挑戰你們：為了自己，也為了孩子，要採取行動並尋求幫助。

有時我們以為孩子沒感覺，或是婚姻問題對他們沒什麼影響，錯！他們那雙小眼睛和小耳朵比我們想像的更靈敏。當爸媽之間不太對勁，他們感受得到，而且會覺得很煩惱。孩子討厭父母爭吵，他們希望我們彼此相愛、一同歡笑且情感緊密。

為什麼當爸媽擁抱，孩子總喜歡鑽進來咯咯笑並取笑我們呢？因為他們喜歡看到我們彼此相愛，這讓他們感到幸福喜樂和安全，知道一切都很好，這個家庭會總是同在一起。

今日孩子心中的憤怒與叛逆，大多可追溯到婚姻的問題上。終日活在恐懼和緊張裡的孩子，無法放鬆、享受生命，他們過度地擔心；他們總試著去解決所有問題；他們被迫選邊站，最終他們會怨恨父母，不喜歡自己，甚至會責怪自己。[1]

我和蕾兒早就作了決定，就算有了孩子，也要專注在經營婚姻關係，我們甚至把維持浪漫的生活方式，視為一個重要目標，當然也是為了孩子的緣故囉！

我永遠不會忘記，有件小事更加堅定了我這個信念，那時我的小孩大緯才三歲，他和他同學坐在我車子後座，我和蕾兒給彼此一個親吻，他同學馬上大叫：「唉喲！你爸媽親親耶！我爸媽從來不親親的！」他的語氣聽起來像是我們偷東西當場被捕一樣。

大緯一臉疑惑，卻也滿臉驕傲地說：「那有什麼大不了的，我爸媽**常常**親親啊！」

註1：讀者們，你可能盡一切力量想經營美好的婚姻，但也許你的配偶並不是那麼忠誠的基督徒，或是對這個婚姻和家庭並沒有那麼投入。如果是這樣，那你必須就你個人的部分，盡全力立下好榜樣，提供你孩子所需要的指引，並信靠神會彌補一切的不足。在聖經中和我們身邊都充滿著許多例子，就算是不甚理想的家庭也會培育出很棒的孩子。

這就是本書第一個、也是最重要的訊息：第一是愛神，其次是和你的配偶開心地彼此深愛，這就是你所能給孩子最棒的禮物。對我們來說這需要許多努力、禱告及道歉（通常是我的道歉），還有許多決心與耐心，神很看重我們的決心，也在我們的弱項上賜下充足的恩典，相信祂對你們也一樣。

家庭帶來的挑戰似乎比天空還大，但只要你用神的方式建造家庭，你的努力絕不會白費。你所教導孩子的事會伴隨著他們，即使有時看起來他們好像沒學到。只要學習、成長、堅持，有一天，或許是在孩子長大了以後，他們會記得你所教導最重要的那一課，而他們會為此對你懷抱深深的感激。

02 為人夫 為人父

「你們作丈夫的，要愛你們的妻子，正如基督愛教會，為教會捨己。……你們作父親的，不要惹兒女的氣，只要照著主的教訓和警戒養育他們。」（弗5:25，6:4）

送走父親的那一刻我永遠不會忘記，他躺在家中的床上，因癌症而憔悴不已，他知道他的日子所剩無幾了。當時我十二歲，是家中五個孩子最小的，他把我們叫進去，交代遺言，那是我們最後一次見他的面。我不記得他說了什麼，只記得我感受到他的愛和他送我的禮物，那是一把他用來獵鵪鶉的二十口徑短槍，我記得他的擁抱、他的眼淚，還有他對我的心意。我很珍惜這份禮物，它讓我想起我們一同在家鄉北佛羅里達州打獵的美好時光。

我常回想童年，懷念我和父親之間每一個正面及開心的回憶，當我寫到這裡時已感動落淚。

可惜的是，在那十二年之間，我和父親並沒有很深的互動，並不是他不想或不在乎，只是有些東西阻礙了我們。他的脾氣很不好，有時會大聲說話，未必是對我，也許是對讓他沮喪的人或事。現在我年紀大了，也必須面對自己的脾氣，我對他有了更多的體諒與憐憫；但當時我只是個孩子，因著恐懼、傷害、叛逆和憤怒而退縮。

直到幾年後，我看到一部電影《夢幻成真》（*Field*

of Dreams），才明白自己的問題為何。它描述一個原本對亡父懷抱憤恨的兒子看到他爸爸年輕的時候，「在生命的擔子尚未將他壓碎之前」的時候，我深受感動（許多男人也是），看完之後久久無法言語，它點燃了我對父親更深的愛，也讓我去面對及處理長久以來心中的苦根，數年來的傷害和疏離感完全消失了，取而代之的是我多麼希望能再次見到我的父親，並且可以像我們倆都渴望的那般親密。

從此以後，我發誓無論如何都要跟孩子很親密，我向神承諾要盡心盡意對他們表達我的愛，讓他們親近我，絕不讓任何一個跟我保持距離，神用美好的方式祝福了這個承諾。我生命中最大的獎賞之一，就是和四個孩子間親密的關係，我相信他們亦有同感。

在許多層面上，與父親的關係是我們生命中最關鍵的一份關係，從這當中我們發展出對神及對自己的基本觀點，同時也反映出我們對權柄的反應及自信，這也是為何神將訓練孩子的責任直截了當交給父親：「你們作父親的……只要照著主的教訓和警戒養育他們。」（以弗所書6:4）

我並不是在貶低母親的責任，只是想合宜地強調父親的角色，這個角色在今日常被嚴重地忽略和誤解。我相信眾多青少年的暴力行為、心理混亂、情緒困擾，都是起因於父親的缺席或不稱職。

關於父親這個主題的關鍵經文之一，就是保羅在以弗所書五章22節至六章4節中所描述的丈夫及父親的責任，他的教導可以概分為兩個部分：去帶領及去愛，以下我們會就這兩部分仔細地討論。

第一部分　父親要帶領

「因為丈夫是妻子的頭，如同基督是教會的頭。」（以弗所書5:23）因此基督也是家庭的頭。這表示：你身為父親，是一家之主，在神之下，責任就在你身上。帶領不是一種自大的或專橫的表現，不去帶領才是錯的。

婚姻是一個合夥關係，這是可以確定的，而丈夫是資深合夥人，家庭是以團體的方式在運作，但並非民主制度。家庭中要有個領導者去傾聽、衡量並考量狀況，但同時也擔負著最後作決定的權力、挑戰和責任。

在神的眼中，男人和女人的價值是相同的（加拉太書3:26-28），但在婚姻和家庭中他們的角色卻是不同的：

「你們作妻子的，當順服自己的丈夫，如同順服主。因為丈夫是妻子的頭，如同基督是教會的頭；他又是教會全體的救主。教會怎樣順服基督，妻子也要怎樣凡事順服丈夫。」（以弗所書5:22-24）

男人作為帶領者不只是社會的傳統習俗，神所創造的本性就是如此。

「我願意你們知道，基督是各人的頭；男人是女人的頭；神是基督的頭。」（哥林多前書11:3）

無論這經文的全貌是什麼意思，神很清楚地要求男人，並裝備他們負起帶領家庭的責任。

正如經文所言，當我們忽略或扭曲神的計畫，就會傷害到自己和身邊親近的人；當一個家不是建立在丈夫或父親帶領的原則上，將會對家庭、對孩子，還有整個文化及國家造成無法形容的傷害。即使在教會中，我們也深深地被世俗的、不符聖經的想法所影響，除非我們遵循神的計畫，重新恢復男人在婚姻和家庭中帶領的角色，不然我們將會付出超出想像的代價。先從你自己的家中開始吧！以下我們會就四個面向來討論父親如何領導家庭。

1. 力量與信念

「今日就可以選擇所要事奉的……至於我和我家，我們必定事奉耶和華。」（約書亞記24:15）

就像年老的約書亞所言：「我的家必定事奉耶和華。」父親們，我們應該是家中的磐石，我們應該全心全意投入耶穌、教會和公義的生命，懷抱著最高的標準。當神的國呼召人有所回應及犧牲時，我們應該是帶頭的，我們個人與神的關係和對失喪靈魂的熱心，應是激勵他人的榜樣。我們要非常努力作全家最強壯、最屬靈的門徒，就像耶穌身為祂的家庭、也就是教會的頭，祂是強壯的，我們也應該要這樣。

我們要負責開始、規劃並且實施「家庭的敬拜時間」，我們有責任確保孩子們被耶穌所管教。我們更應常與妻子一同禱告、教導她，激勵她跟神的關係不斷成長。

如果我們有明確的信念，我們的家庭當然會深受這些信念所影響；如果我們在屬靈方面很強健，我們的家庭當然也會更強壯。只要我們帶領，他們就會跟隨，孩子們自然而然就會想仿效父親的榜樣，這是天性。但是反之亦然，多少次我們看到屬靈麻木、不冷不熱的父親，他們的小孩有樣學樣呢？就算母親或是祖母是聖人，也難以扭轉父親的壞影響，一旦孩子們長大獨立了，他們就會離開教會，特別是男孩，他們會認為教會是給女人、小孩或老人去的，不適合他們。

男人們，我們不該跟隨世俗的想法，認為屬靈是「女人家的事」，不！看看聖經裡的男人：摩西、約書亞、大衛、施洗約翰、彼得、保羅和耶穌，他們怎麼看都是不折不扣的**男人**，充滿男子氣概、堅強的個性和膽識，他們是「真男人」的好典範啊！

作為家庭的頭，我們必須要在「情感上」堅強，不能讓生命裡的挑戰擊垮我們，陷入沮喪和失望，如果我們倒了，誰又能站立得住呢？如果身為領導者的父親被困難及壓力打敗了，要靠妻子及孩子來修補家庭中情感的裂痕，這是多悲慘的事啊！

生命是困難的，你的確需要力量，不只是為了耶穌，也為了我們的家庭：「*因為神賜給我們，不是膽怯的心，乃是剛強、仁愛、謹守的心。*」（提摩太後書1:7）

我們也需要在「肉體上」剛強，是的！你沒聽錯，一個男人不該是軟弱和缺乏男子氣概的，我們不需要是超強的運動選手，但絕不容許因為忽略和懶惰，而讓我們的肉體和健康每況愈下。彼得形容妻子「比你軟弱」（彼得前書3:7），但是我必須說，我們當中有些人讓彼得這位「偉大的漁夫」說的話落空了，我們在屬靈上、情緒上甚至肉體上，都比妻子軟弱，難怪沒有人尊重我們！

好好照顧自己，起身做做運動吧！讓脂肪變肌肉，鬆弛變結實，讓你自己離開沙發，好好動一動，做些運動，流個滿身汗，然後大聲叫一叫吧！

耶穌是個木匠，他去哪裡都是步行，他總是活力充沛，模仿他吧！你的妻子會愛慕你，深深被你吸引；你的女兒會驕傲地介紹你給她的姊妹淘（和男同學）認識；你的兒子會喜歡跟你在一起。即使年紀漸長，但你若能保持好體格，活力充沛，充滿能量，就會令人印象深刻。

有件事情讓我印象非常深刻，當時我的女兒莉莉才三歲，有部很受歡迎的影集（後來被拍成電影），主角是個懦弱的傢伙，但當他被激怒時，就會變身成「綠巨人浩克」——一個巨大、渾身肌肉的巨無霸。有次她正在看這個節目，突然轉過頭來對我說：「把拔，我好喜歡綠巨人浩克，因為他又大又強壯，就像你一樣！」聽到這話，我發現這早熟的孩子竟然懂得欣賞偉大的事物，並且喜歡它，我也決定在她懂得更多之前，趕快報名上健身房，鍛鍊出一身好體格，並且好好保持！

2. 供給與保護

「人若不看顧親屬，就是背了真道，比不信的人還不好，不看顧自己家裡的人，更是如此。」（提摩太前書5:8）

偉大的保羅先生，請你告訴我們，你對那些遊手好閒的父親感覺如何？

我的家人從不擔心下一餐從哪裡來、水電瓦斯會不會被切斷、車子會不會被拖走，或是我們要住哪裡、要穿什麼。身為男人，我們不希望自己的家人被這些不安全感所困擾，他們知道只要爸爸在，就一定沒什麼好擔心的，這不只是關乎我們對神的承諾，也是關乎身為男人的責任。如果天上的父親供應我們日常的需要（馬太福音6:25-34），我們是否也該效法祂，好好照顧我們的孩子呢？

除非我們生病或殘廢了，否則就該負起照顧家庭的全部責任。我們要為自己找到出路，停止依賴你的父母、教會、朋友和政府，別讓你的妻子一肩挑起生活的重擔，別讓她為了讓這個家庭累得不成人形。作個真正的男人！找個有固定薪資和福利的工作，有些男人只會作白日夢，而不會「安靜做工，吃自己的飯」（帖撒羅尼迦後書3:12）。想想所羅門王充滿智慧的話：「耕種自己田地的，必得飽食；追隨虛浮的，足受窮乏。」（箴言28:19）

就算景氣不好，我們還是得找一份可以養家活口的工作，就算你現在的工作不盡理想，記得聖經教導我們：「無論做甚麼，都要從心裡做，像是給主做的，不是給人做的，因你們知道從主那裡必得著基業為賞賜；你們所事奉的乃是主基督。」（歌羅西書3:23-24）只要努力工作，神一定會獎賞我們的：「你看見辦事殷勤的人嗎？他必站在君王面前，必不站在下賤人面前。」（箴言22:29）

買個恰當的醫療保險，作好事先規劃，以防你死亡或是不幸傷殘，你的家人會變得無依無靠；好好管理你的財務，確保有足夠的現金流，也能準時付帳單；開設一個儲蓄戶頭，以支付緊急或龐大的支出；並且現在就開始規劃孩子唸大學的教育基金。

好好料理家務，如果有草地，就去除草；如果有落葉，就去打掃；如果有積雪，就去鏟雪；如果需要移動家具，就起身去搬吧！家裡修繕和維護的工作是你的責任：換濾網、整理車子、刷油漆、倒垃圾。有很多沮喪的太太就是無法使丈夫動根手指頭來幫忙，孩子們看見了，不是因為我們的懶散不尊敬我們，就是開開心心地學我們偷懶。有個勤勞的父親在家裡多快樂呀！「因人懶惰，房頂塌下；因人手懶，房屋滴漏。」（傳道書10:18）

父親不僅是生活的供應者，也是**保護者**，我們在肉體上、情緒上和屬靈上都要看顧和保護我們的家庭，確保妻兒的人身安全，隨時冷靜並提高警覺，不憂慮焦急，如果家人面對失敗或打擊，甚至完全崩潰，那就是我們行動的時刻了！我們不能、也不該阻止他們面對現實生活中的壓力，但要在他們徬徨無助前好好保護他們！

3. 訓練與教導

「你們作父親的……只要照著主的教訓和警戒養育他們。」（以弗所書6:4）

我們將會在第七章好好討論孩子的屬靈訓練，我在這裡要談的是教練和良師益友的角色，教導孩子生活中具體的基本技能，這是父親責任中最重要、卻也是最容易被忽略的部分。

孩子們喜愛學習，也喜愛父親教他們新的事物。我們教導孩子時一起度過的時光，會以一種特別的方式讓我們更親近。當我們願意花時間耐心地教導孩子，我們就是在告訴他們：我們非常愛他們，並且珍視他們。當父親稱讚說：「做得真棒！」能為孩子建立無比的信心。

到底有哪些具體項目呢？對較小的孩子而言，可能就是些簡單的生活自理，像是綁鞋帶之類的；等他們進了小學之後，我們要教他們投球、接球、擊球或是踢足球；我的父親是個很厲害的機械好手，他教我如何使用各種工具、換火星塞、使用除草機等，現在這方面我仍然不太在行，但至少我還會使用螺絲起子，而且我常想，要是我父親沒有教我這些基本功，我就完蛋了！你不會在每個領域都是專家，只要確信你有一技之長可以教導孩子，這是不可或缺的，而且你的孩子會因此愛死你。

當你的孩子進入青春期，你需要教他合宜的行為舉止或約會禮儀。我的兒子佑恩第一次約會時，他完全無所適從，「我們該聊什麼話題？」我就列了五個問題讓他可以問對方，以保持談話的流暢。

當那個重大的晚上來臨時，他鼓起勇氣、信心滿滿地出門，因為他已經把老爸的五個問題都背起來了。晚上回來時我問他：「好了，兒子，情況如何？」

他看起來很悲慘：「爸，我前五分鐘就把五個問題問完了，接下來整個晚上我都不知該說些什麼！」**好吧！兒子，看來我們要再複習一遍囉……**

不要小看這種教導的重要性，這會給孩子們自信，讓生命更有趣；在運動場上、在派對裡，這讓他們不會覺得自己像個百分之百的笨蛋。你要裝備他們面對生活，從如何開車到如何處理別人的嘲弄都是，如果神沒有要我們好好裝備訓練他們，為什麼會讓他們留在我們身邊二十年呢？那正是父親的功能！

4. 男子氣概的榜樣

「神就照著自己的形像造人，乃是照著他的形像造男造女。」（創世記1:27）

神創造人類有男有女，孩子很清楚兩者的差別。成長過程很重要的一個議題，就是理解自己是男孩還是女孩，孩子很早就急著想明白這個道理。

這個世界在男女性別方面混淆不清，真的非常可怕，男人想作女人，女人又想變成男人。超級巨星公然誇耀自己的性別偏差，陰陽人真的存在，讓你無法分辨到底他是男是女！女性主義大聲抗議，男女同性戀比比皆是；甚至在校園裡，也有愈來愈多人大聲叫囂，要求大家接受同性戀和同居的生活方式。保羅二千年前說得好：

「所以，神任憑他們逞著心裡的情慾行污穢的事，以致彼此玷辱自己的身體。他們將神的真實變為虛謊，去敬拜事奉受造之物，不敬奉那造物的主—主乃是可稱頌的，直到永遠。阿們！因此，神任憑他們放縱可羞恥的情慾。他們的女人把順性的用處變為逆性的用處；男人也是如此，棄了女人順性的用處，慾火攻心，彼此貪戀，男和男行可羞恥的事，就在自己身上受這妄為當得的報應。」（羅馬書1:24-27）

性別混淆的挑戰和問題實在令人眼花撩亂，身為父親我們可以做些什麼呢？我的答案是：展現你的男子氣概，作孩子的榜樣。真理能照亮這彎曲悖謬的世代，你的孩子會因為你而明白什麼是真正的男子氣概及性別差異。

聖經教導同性戀是有罪且違反自然的，神沒有創造同性戀的男孩。也許有些人比較容易受到這方面的試探，但其他的罪也是這樣。在我輔導的經驗中，我發現男同性戀的形成，通常是成年男性誘騙及利用年幼無知的青少年；但是一份堅固及親密的父子關係，將使孩子落入同性戀陷阱的機會趨近於零。

萬一你兒子很害羞、退縮、缺乏男子氣概，甚至有點女性化或娘娘腔呢？那麼他更需要一份跟父親的親密關係，給予他充足的時間和關心，不要反應過度，不要輕視和嘲笑他，而且絕對不要拒絕他。

另一方面，不要假裝那些問題不存在，自欺欺人地希望這個問題會自然而然地消失。鼓勵並訓練他更加男性化，幫助他改掉柔弱的聲調和動作，教他如何有信心地跟其他男生相處，不要讓他因為害怕困難，就整天跟女生混在一起。

教導他如何運動，裝備他一些男人該懂的技能，如果他偏好藝術或音樂，而不喜歡運動，也不要緊，鼓勵他用男性化的方式去表達就好了。還有，一定要防範那些可能會占他便宜的男人。

父子間的緊密聯繫是很重要的，你的兒子會很有信心，在正常的男性世界裡，他不會覺得自己很奇怪而退縮，即使他遇見了同性戀的試探，他也會有更堅強的能力去抵抗，因為他有與父親堅固而緊密的關係作後盾，他不會需要來自別的男人那種虛假的認同感。

女兒同樣也需要一位強壯及慈愛的爸爸，這份關係會給她們安全感，她們喜歡這份緊密關係所帶來的認同感及愛。如果你仁慈、強壯又好相處，他會想嫁給像你一樣的男生。如果有男生想利用她的不安全感跟她發生關係，那是不可能的，她不會為了證明什麼而出賣自己，而且，有一天她絕對會成為很棒的妻子！

5. 給予每個成員自由與公義

「兩個孩子漸漸長大，以掃善於打獵，常在田野；雅各為人安靜，常住在帳棚裡。以撒愛以掃，因為常吃他的野味；利百加卻愛雅各。」（創世記25:27-28）

「約瑟的哥哥們見父親愛約瑟過於愛他們，就恨約瑟，不與他說和睦的話。」（創世記37:4）

「定惡人為義的，定義人為惡的，這都為耶和華所憎惡。」（箴言17:15）

身為家庭的領導者，我們要讓每個人感到被尊重，任何爭論我們都要公平地處理，偏袒任何一方都是非常糟糕的。看看以撒和雅各的家庭，為了父母的偏心經歷了多少痛苦和折磨？

接下來，讓我們看看誰需要被尊重？

母親

有些家庭中，父親較為強勢，孩子可能會視母親為弱者，等孩子長大了這個問題會惡化。兒女必須知道我們尊重我們的妻子，而且我們也希望他們一樣尊重母親，如果我們批評、嘲笑或貶低妻子，只會讓這個問題更嚴重。我記得好幾次我召開家庭會議，請求大家的原諒，就是因為我感到自己不夠尊重我的妻子蕾兒。作為家中的領導者，我們必須確保妻子有得到應得的尊重和禮遇。

較年幼或是較軟弱的孩子

我的長子長女個性強、較堅持己見，他們勇於表達，總是很快就回答別人的問題。當我們第三個孩子佑恩出生後，我們就得刻意製造機會讓他發言，晚飯時，當他還在組織句子時，話題已經被轉移了；他一句話還沒說完，他的哥哥姊姊就搶著幫他說完了。

蕾兒注意到他的窘境並且告訴我，我們就在家庭敬拜時討論該怎麼辦。最後我們決定只要佑恩想發言，他只要舉手就好，這方法太有效了！事實上，他後來手舉得太勤了！

小雅比佑恩小六歲，我們又要再次處理這個問題，但是她可不像佑恩只會乖乖坐著，想得美！她會趁著別人講到一半不斷插嘴，打開完全不同的話題，這會製造緊張氣氛，並且讓別人的感覺受傷，我又得跳出來，捍衛每一個人的權利。

這些看起來都是瑣碎的芝麻小事，但在孩子眼中，這可是很重要的；當他們漸漸長大，這個問題會變得更加重要。你從當爸爸第一天開始就要擔任「法官」的角色，這就是你最重要的角色之一（在第五章及第九章中會討論更多孩子間的尊重與和睦）。

第二部分　慈愛的父親

沒有愛的權威只會帶來恐懼和反叛，如果想教養出令人讚嘆的好孩子，我們需要帶領和愛，缺一不可。兩者皆備則力量無窮，也會讓我們與孩子終身緊緊相繫。

1. 憐憫與關懷

「耶和華有憐憫，有恩典，不輕易發怒，且有豐盛的慈愛。他不長久責備，也不永遠懷怒。他沒有按我們的罪過待我們，也沒有照我們的罪孽報應我們。天離地何等的高，他的慈愛向敬畏他的人也是何等的大！東離西有多遠，他叫我們的過犯離我們也有多遠！父親怎樣憐恤他的兒女，耶和華也怎樣憐恤敬畏他的人！因為他知道我們的本體，思念我們不過是塵土。」（詩篇103:8-14）

父親的關懷

神在乎我們、關心我們，祂明白我們的需要、我們的情感和問題，而且祂真的在乎。對祂來說，沒有什麼事情是太大或太小而不值得注意的，也沒有什麼事會使得祂不再愛我們。

父親們，我們要模仿這樣的態度，常常關注我們的孩子：他們開心嗎？難過嗎？擔心嗎？有壓力嗎？要常常注意他們的眼神，聽他們說出來的話，留心他們的肢體語言。我們對他們的關懷，應該像一股清新又有益的泉源，我們要成為妻子和孩子的愛之源，隨時準備好滿足他們的任何需要。

很多父親對於孩子的需要不以為意，他們正經歷功課上、同儕間或無數事上的掙扎，而我們卻無法體會。他們會覺得我們很有距離感，彷彿高高在雲端上，只忙於自己的工作和問題，而他們可能不經意地丟出暗示或說出來，我們應該好好留心地聽。

有時候我們的太太會發覺孩子有問題，並嘗試告訴我們，但是我們不在乎，機會就這樣一再錯過。

總有一天，孩子會放棄跟我們溝通，而去找別人傾訴，他們不再渴望跟我們談心，那時我們會心碎，才驚覺到：「為什麼我無法和孩子親近？」原因就是當他們嘗試著接近我們時，我們根本不在乎他們。

父親的同情憐憫

除了關懷和照料，「感同身受」也是父親愛孩子的方式。知道神體會我們的感受、為我們傷心，而且一直在身邊，這是多大的安慰！祂能感同身受，並非只是冷血地保持理性，祂的慈心與我們一同感受：

「相離還遠，他父親看見，就動了慈心，跑去抱著他的頸項，連連與他親嘴。」（路加福音15:20）

我們要站在孩子的立場，想想你自己還是個孩子的時光，只要孩子知道我們願意體諒和支持他們，許多問題便能迎刃而解。

父親的饒恕

當孩子們做錯事情，他們需要尋求我們的原諒，而我們要饒恕他們。他們需要知道他們被原諒了，不用再耿耿於懷；事情已經過去，而且解決了。我們不應該把孩子打入充滿否定的冷宮，讓他們覺得無論如何都得不到我們的寵愛。

父親的體諒

「因為他知道我們的本體，思念我們不過是塵土。」（詩篇103:14）

我們的孩子……就只是孩子！給他們時間去成長，讓他們作孩子吧！他們還年幼、不成熟、笨手笨腳，還帶點傻氣，他們亂打噴嚏、亂發哼聲、吃吃竊笑，把自己搞得臭臭的，跌跌撞撞。我們可以期望很高，但是一定要有智慧地接納他尚未成熟。這個世界已經充滿了太多循規蹈矩、裝腔作勢和索然無味的成年人，請記得：神對我們可是很有耐心的！

2. 鼓勵與激勵

「你們也曉得，我們怎樣勸勉你們，安慰你們，囑咐你們各人，好像父親待自己的兒女一樣，要叫你們行事對得起那召你們進他國、得他榮耀的神。」（帖撒羅尼迦前書2:11-12）

生命本身就很艱難，對孩子尤其是，他們在同儕中常會被嘲笑和欺負，很容易氣餒失去信心。有多少孩子其實可以做得更好，卻因為沒有人在一旁鼓勵或激勵他們，而總是失敗呢？父親的鼓勵蘊含著無窮的力量，只要父親一句：「你做得到的！」，孩子的體內幾乎立即釋放出神奇的力量。

年輕的提摩太在教會中有極好的名聲（使徒行傳16:2），但是他也是有軟弱、缺乏信心（提摩太後書

1:8；哥林多前書16:10），可能失去了幹勁和動力（提摩太後書1:6-7），動不動就生病（提摩太前書5:23），而且很容易懶惰（提摩太前書4:13-15）。他擁有信念、才幹和一顆火熱的心，但是他需要一個願意相信他、訓練他的人，很顯然，他的生命中一直缺乏強健男性的屬靈影響力（使徒行傳16:1；提摩太後書1:5）。

直到保羅遇見了提摩太，走進提摩太的內心，成了他翅膀下的強風讓他展翅上騰，成了他的「信心的父親」（哥林多前書4:17）。因著保羅的鼓勵和啟發，提摩太從一個默默無名的年輕人，變身為以弗所教會一個大有能力的領袖。

對你的孩子有遠大的夢想，當他們在課業或未來上有所掙扎時，不斷鼓勵他們。給壓力並不會幫助他們，激勵才是有效的，沒有什麼比父親的信任更能激勵人的了！

父親的責任之一，是要有智慧並審慎地評估孩子的天賦和才幹，並引導他們在這方面發揮。有些孩子老是在他們不擅長的領域裡打轉，所以總是很沮喪，別讓他們像無頭蒼蠅一樣團團轉，給予他們明智的建議，並耐心地陪伴他們找到自己擅長而能有所成就的領域。

我作足球教練已經四年了，在我的隊裡，從明星球員到連球也踢不到的球員都有。我的工作是相信並激發每個球員，讓他們都明白自己對球隊的重要性；我為他們安排最合適的位置，讓他們都能發揮所長，而非自曝其短。

其他的教練，有的把球員放在場上，讓他們自由發揮；有的對球員吆喝、咒罵加痛斥，有的只把心力放在一兩個明星球員身上，仰仗他們帶領整個球隊贏球。

我和我的助手則是盡力發揮每個球員的潛能，無論他們程度如何，我們都真心接納，並幫助他們發揮得更好。每當任何一個球員有進步時，我們都齊聲鼓勵。

他們都很喜歡足球，而且玩得很開心，因為每個人都有自己的位置，他們感受到自己是被重視的，不管在球技或為人處世方面都大有進步。這四年中，我們得了二次冠軍，進入準決賽二次，不是因為我們的球技強，而是因為我們讓十六個球員都盡情發揮所能。

我給父親們的挑戰是：作你孩子最大的啟發者和鼓勵者！不要為了滿足自己的虛榮心，而要求他們事事成功，教導他們作個真正的男子漢，認真努力並擁有良好的運動家精神，虛心接受輸贏。你要成為他們最忠誠的擁護者，在他們跌倒時，扶起他們來，他們會因此更愛你，而他們的感激和成就，就是你最棒的回報。

3. 謙卑與親和力

「你們年幼的，也要順服年長的。就是你們眾人也都要以謙卑束腰，彼此順服；因為神阻擋驕傲的人，賜恩給謙卑的人。」（彼得前書5:5）

我們的家人非常清楚知道我們的不完美，我們也應當承認，讓我們脫掉優越感的假面具，不要再假裝自己永遠是對的。我發現因為在家裡我要負的責任最多，所以自然也最常犯錯，我常說：「在我們家，沒有人道歉得比我還多。」如果我們常很快要求別人道歉，自己卻很少或不願這樣做，會引起大家的憤憤不平。

有些人以為好的領導就是從不犯錯，他們以為若是暴露了弱點，會讓跟隨者對我們失去信任和尊重。其實我所見過最有力量、最受人愛戴的領導者，都非常真誠無偽，就像保羅說他自己是「罪人中的罪魁」，當他們承認自己的軟弱和掙扎，只會讓我更敬佩他們。

道歉要具體且明確，如果你很生氣時講了刺耳的話，要對孩子說：「對不起，我的語氣太嚴厲了，爸爸不應該這樣對孩子說話，請原諒我。」

道歉要盡快，這樣能避免受傷的情緒繼續惡化，轉變為氣憤、惱怒和苦毒。

道歉後要確定還有沒有感受藏在心裡。問他們：「心裡好點了嗎？還有沒有什麼讓你不開心的？」記住，由於你是帶有權威的形象，他們未必敢暢所欲言，要幫助他們說出來。

有時我太太會幫助我看到自己對孩子們犯的錯。有時候我已經傷害到孩子還渾然不覺，蕾兒卻能察覺到事情不對勁，或是孩子會向她反映，她會讓孩子向我坦白，或是她自己跟我談談，雖然有時候我一開始會自我保護，但是我還是很感謝這些坦誠以告的時刻。

道歉之後，關係也修復了，這件事就可以結案了，我們可以重新無愧地帶領，滿有信心地向前行，明白在神帶領之下，一切都會過去。不斷沉溺於我們的錯誤或是失去信心，對家庭一點幫助也沒有，這不是真正的謙卑，而是對神的恩典缺乏信心，家人需要我們盡快歸位掌舵。

愈堅強的男人和領袖，就更需培養親和力，家人可以很自在地走向我們，告訴我們任何不論是多麼尷尬、多麼負面或是難以啟齒的事。如果我們常發脾氣或不願聆聽，他們就很難親近我們。

孩子表達負面情緒，未必意謂著不滿的態度，但是如果孩子沒有表達出來，不滿的態度一定會產生。不要讓我們的家人變成這樣，作為領導者，我們有責任在家中製造自由和開放的氣氛，不然你的家必定會結出苦澀的果實。

4. 有趣、新潮

「有趣」有什麼錯？笑翻椅子算是不屬靈嗎？當然不是！聖潔是要讓人開心的，人不能總是緊繃著臉，史考特・派克（M. Scott Peck）說得對：「聖人也要睡覺，先知也要玩耍。」[1]

耶穌是個饒富趣味的人。他會去參加宴會；他會說笑話；他會給門徒取綽號，像是「磐石」和「雷子」；他喜歡小孩，小孩也愛他。

古板的法利賽人常常拒人於天國之外，他們甚至責備

註1：出自史考特・派克所著之《心靈地圖》（*The Road Less Traveled*）。

耶穌，不該讓門徒那麼開心，耶穌沒有讓這些愛發牢騷的人為所欲為，祂回應說：「若是他們閉口不說，這些石頭必要呼叫起來。」（路加福音19:40）

孩子喜歡有趣的人，生命中需要嚴肅的機會多得是，但我們要知道此時該有怎樣的家庭氣氛。如果身為一家之主的我們能說個笑話，大家都會很開心。有時候忙了一整天，大家就是需要笑一下、輕鬆一下，如果我們是有趣的人，讓我們的孩子覺得好玩，他們會很喜歡我們的帶領。

作父親的需要趕上最新潮流，不是要你們裝年輕，（拜託，饒了我們吧！）但是你需要知道現在最新的流行趨勢，不懂流行的父親就很難跟孩子拉近距離。如果你是落伍的爸爸，那你的孩子只能有幾個糟糕的選擇：⑴幽爸爸一默，但刻意不讓朋友認識他。⑵自己也變得落伍。⑶和爸爸維持表面的關係，因為爸爸根本不知道我的世界在做什麼。

當我們對孩子的世界感興趣，同時也表達了我們對他們的愛，這表示我們十分在乎，所以想進入他們的感受和世界。保羅曾說：「向甚麼樣的人，我就作甚麼樣的人。無論如何，總要救些人。」（哥林多前書9:22）如果我們希望救自己的孩子，就不要只是嘲笑最新的流行現象，而是要去認識他們，試著去明白流行音樂、術語和服裝，你可以接納這些，但仍能站穩立場、指出其中的罪來。回憶當年我們自己的感受和行為，會很有幫助。

ജ്ഞ

在這一章的開頭，我曾經跟你分享我與父親的關係。我將他的回憶牢記在心中，把他的照片擺在我的書桌上；他在病榻前送我的短槍，是我最寶貴的收藏之一。

我常常渴望能再見他一面，渴望跟他坐下好好聊一聊，告訴他我的感受，讓他看看我現在的模樣；我也渴望能聽他説話，好好認識他。這是我從沒做過的，而我知道，很多男人和我有一樣的感受。

雖然逝者已矣，但是展望未來，我們可以為了孩子，成為自己渴望擁有的那種父親。我們可以給他們一份愛的關係，而這是我們這輩子所能給出、也是孩子一輩子所能收到的，最珍貴的禮物。

03　為人妻　為人母

「才德的婦人誰能得著呢？她的價值遠勝過珍珠。她的兒女起來稱她有福；她的丈夫也稱讚她，說：才德的女子很多，惟獨你超過一切。」（箴言 31:10，28-29）

你心目中的模範妻子和母親是什麼樣子？在過去的傳統社會中，這個問題要容易回答多了。現代婦女雖然被「解放」了，生活步調卻不斷加快，婦女的傳統美德和家庭角色都不斷地被質疑，甚至被漠視和嘲諷。我們都嚮往美好的家庭，但是通往幸福家庭的道路卻變得模糊不清。

我們到底該怎麼了解妻子和母親的角色呢？又要從那裡開始著手？其實神的定義很簡單，幾乎所有關於妻子的經文都回歸到最基本的兩個重點：順從和配合。（沒錯，真的是那令人討厭的字眼：「順從」。）而當聖經談論到母親的角色時，最主要的就是教養子女。

我們當中很多人是很棒的母親，但是就妻子而言就差強人意了。或是我們很投入作個好妻子，卻是個不合格的母親。在神的設計中，這兩個角色我們都要兼顧，才能擁有幸福和諧的家庭，以及適應良好的孩子。

在我個人的經驗中，我發現多數的女人是很好的母親，卻不是支持丈夫的好妻子。大部分的家庭問題，是起源於婚姻本身的困難。我們可以是這世界上最棒的母親，但是如果我們是個自私又苛求的妻子，孩子會因此受苦，他們的人生會承受我們罪的苦果。

首先，讓我們來查考並討論「順從」在婚姻裡的重要性，並看看順從對我們成為一個好母親有什麼影響。

第一部分　妻子：順從的典範

「你們作妻子的，當順服自己的丈夫，如同順服主。……教會怎樣順服基督，妻子也要怎樣凡事順服丈夫。」（以弗所書5:22、24）

「你們作妻子的，當順服自己的丈夫，這在主裡面是相宜的。」（歌羅西書3:18）

「你們作妻子的要順服自己的丈夫；這樣，若有不信從道理的丈夫，他們雖然不聽道，也可以因妻子的品行被感化過來；……因為古時仰賴神的聖潔婦人正是以此為妝飾，順服自己的丈夫，就如撒拉聽從亞伯拉罕，稱他為主。你們若行善，不因恐嚇而害怕，便是撒拉的女兒了。」（彼得前書3:1、5-6）

「好指教少年婦人，愛丈夫，愛兒女，謹守，貞潔，料理家務，待人有恩，順服自己的丈夫，免得神的道理被毀謗。」（提多書2:4-5）

調整並改變自己去順從權威，是人生最重要的功課之一，我們每個人都得修這門課。撒但背叛神，使得牠從天堂被驅逐出去（啟示錄12:7-9）；亞當和夏娃則是被趕出了伊甸園（創世記3:23）。我們不只要順從神，還要順從一生當中會遇到的所有掌權者：政府、老闆、父母、師長、教練等等，不勝枚舉。

神以家庭為基本單位來說明並實際示範人生的必修學分。依著神的設計，人生中最重要的功課幾乎都在家庭內實習，例如領導才能、尊重、服從、愛、鼓勵，還有關係中的互利互讓。如果你在家裡學得好，那麼你在任何地方幾乎都會成功。

神的計畫就是讓丈夫以權能和謙卑來帶領家庭，而妻子則是滿有力量地支持和跟從。妻子的獨特任務就是身體力行地活出順從的典範，她的孩子如果想要有成功的人生，也一定把這門功課學好。多少的孩子因為在家庭中看不到良好的榜樣，而永遠不懂如何在社會上服從合理的權威？

當我還是孩子時，我的母親以身作則地示範順從的榜樣。身教大於言教，她的所言所行，都明顯地讓我感受到她對我父親的尊重。我很早就學會只要我父親作了決定，就不用再浪費時間爭辯或抱怨，也別想再耍什麼花招了。

由於我母親所展現的順服，我學會尊重男人和其他權威人士，正因如此，我長大後對婚姻抱持著樂觀正面的態度。

我們為什麼會對「順從」一詞這麼反感呢？很不幸的，大部分的人想到順從一詞就想到「懦弱無用」，我們看到許多女人被欺壓、被擔憂和恐懼所轄制，毫無自尊和自信，我們以為這是她們順從男人的結果。

事實完全不是這樣，聖經中的「順從」絕對不是、也從來沒有任何「懦弱」的意味。只要看看聖經裡這些屬神又順服的女人：撒拉、利百加、底波拉、亞比該、耶穌的母親馬利亞、百基拉和箴言第卅一章裡的才德婦人，你立刻就明白她們跟「懦弱」天差地遠！這些女人充滿著熱情和勇氣，才智煥發，她們展現出毫不畏懼的勇氣和堅強的信念，但她們的生命仍然散發著順服的精神。

現在讓我們從三個方面來實際看看，「順從」到底是什麼意思，還有一個母親怎麼向她的孩子示範順從的榜樣。

1. 順從讓關係井然有序

一直以來，當人際關係的秩序很清楚時，整個社會就會有良好的互動和運作。我們大部分的人都喜歡出一張嘴，所以只有當關係中的帶領和服從的角色清楚定義時，生命才會順利運作；在教室是如此，在工作和家庭中也是如此。

我記得我的大女兒三歲半的某一天，她突然看著我，露出那種 「啊哈，我終於懂了！」的表情，她對我說：「我知道了，神是爸爸的老闆，爸爸是妳的老闆，妳是我的老闆，然後我是桑妮的老闆（桑妮是我們家那隻十多公斤的狗）！」

沒錯！當我們了解關係的次序時，生命的確輕鬆順利多了！這是神運作的方式，而我們身為母親，必須在實際生活中示範給我們的孩子看。

2. 順服是行為，更是態度

「妻子也當敬重她的丈夫。」（以弗所書5:33）

以上的經文可以幫助我們了解順從的重要關鍵，順從是我們發自內心尊重丈夫時所產生的態度。我們很多人對某些女人很反感，是因為看到她們雖然在行為上無可指責，卻表現出一臉對丈夫的輕蔑和忿恨。

容我這樣問，這種的態度被她們的孩子看到了，會造成怎樣的反應？這樣只會讓孩子們養成陽奉陰違的態度，表面上勉強照做，臉上卻擺明著不甘願，一點也不誠懇。

當我們對自己有正確的認知時，我們才可能發自內心、恭敬地順從。羅馬書十二章3節說：「我憑著所賜我的恩對你們各人說：不要看自己過於所當看的；要照著神所分給各人信心的大小，看得合乎中道。」面對現實吧！我們大部分的人不願意順從，是因為我們總以為自己是對的。但想一想，如果兩個人都有同樣的心思意念，還有人需要順從嗎？順從當然是意見不合或是雙方僵持不下時，才會出現的問題。

很顯然的，我們沒有人可以在表面上假裝順從，自欺欺人地敷衍神的旨意和命令。我們應該順服神超過其他任何的權柄，正如使徒行傳五章29節彼得和眾使徒所回答：「順從神，不順從人，是應當的。」但是，我們當中難免有意見相左的時候，也一定要有一方順從另一方。順從並不表示我們就沒有個人的意見。（我個人是幾乎對每一件事情都有意見！）順從的意義是：我們不一定永遠都是對的，但我們願意放下自己的意見或渴望，或是我們做事的方式，而將權利讓給我們的丈夫。

當我們這樣做的時候，一定要避免自己充滿忿恨和自憐的情緒。我們不能表面順服，心裡卻偷偷想：「我真希望他是錯的。」或是後來事實證明我們是對的，就立刻補上一句對丈夫說：「看吧！我早就跟你說過了。」

順從為什麼在子女教養上這麼重要呢？你有沒有碰過那種自以為是的小孩，或是一些自以為懂得所有人生大道理的青少年？身為父母，我們期望孩子會順服並聽從我們的決定；如果親眼看到我們身體力行這樣的態度，對他們而言不是容易得多了嗎？

順從並不是我們用來解決衝突的手段，這是尊重丈夫的基本態度。順從並不只是為了維持和諧而默默承受，而是一種珍視我們丈夫的方式。一個妻子對她丈夫的尊重是一目瞭然的，她的丈夫感受得到，她的孩子看得到、學得到，全世界都會注意到！

3. 順服：說話的藝術

「若有人自以為虔誠，卻不勒住他的舌頭，反欺哄自己的心，這人的虔誠是虛的。」（雅各書1:26）

「舌頭就是火，在我們百體中，舌頭是個罪惡的世界，能污穢全身，也能把生命的輪子點起來，並且是從地獄裡點著的。」（雅各書3:6）

我們的話語具有驚人的力量：可以是造就的力量，或是毀滅的力量；它們可以是珍貴的禮物，也可以是摧毀人的武器。多少次我們聽到自己口中衝出傷人、嘲諷、詆毀和威脅的話語，連我們自己也攔阻不了。

話一出口，就像利箭射入靶心一樣，摧毀傷害別人。我們可以事後道歉和悔改，但是這些愚蠢和傷人的話，卻已覆水難收，不可能說忘就忘。

身為妻子和母親，我們要保守我們的舌頭。我們要用我們的舌頭使人受益，而非受損。沒有什麼比口中的話語更能顯示出妻子的順從。

聖經中我最喜歡的女人之一是亞比該（詳見撒母耳記上第廿五章），除了佩服她的勇氣和堅強之外，我特別欣賞她用正確的方式表達難以入耳的忠告。順從不一定就是閉口不言，亞比該勇敢地面對大衛，然而她卻用最尊敬和關心的態度向他提出忠諫。她是以弗所書四章15節「惟用愛心說誠實話」的最佳典範，她向我們證明任何需要說的話，都可以用正確的方式來表達。

每一個家庭都會遇到棘手卻又不得不談的問題，作為丈夫或妻子，我們必須學會如何跟配偶說這些事，甚至是挑戰對方。但是一定要記得，你們倆是同一國的。

我們必須用真摯的愛心和尊重去表達事實，沒有任何藉口可以讓你用殘酷和詛咒的話去貶低譴責另一半，這些話都會扼殺你們的婚姻、傷害彼此的生命，並摧毀你們的孩子。只要存著愛心和尊重，任何該說的都可以說，任何問題都可以解決，並且因此生出合一的心。就像大衛的靈魂因為亞比該鼓勵的話語而得救，我們也應該這樣幫助彼此向天堂邁進；同時我們也教導了孩子如何坦白、誠實又尊敬地表達難以入耳的話。還有什麼比這更棒的功課呢？

箴言第卅一章中的才德婦人「她開口就發智慧；她舌上有仁慈的法則」（26節），結果她的丈夫和孩子們當然毫不吝惜地讚美她（28節）；但是箴言另一處卻說「寧可住在曠野，不與爭吵使氣的婦人同住」（箴言21:19）。

你會怎麼形容自己說話的態度呢？是充滿智慧和信心，還是愛爭辯又壞脾氣呢？愛發牢騷和處處唱反調的女主人，是破壞家庭氣氛的頭號殺手，負面又充滿抱怨的氛圍會奪去家庭的喜樂與和諧，這樣的說話方式是會傳染的！你的孩子是否總是吵鬧、愛抱怨和愛爭論呢？他們會不會有樣學樣呢？

妳的家庭氣氛完全取決於妳，而且很大一部分是取決於妳對丈夫和孩子說話的方式。

第二部分　母親：教養孩子

「他母親把這一切的事都存在心裡。耶穌的智慧和身

量，並神和人喜愛他的心，都一齊增長。」（路加福音2:51-52）

就像耶穌的母親愛祂並照顧祂，我們也要愛我們的孩子，並且照顧他們。母親的職分主要是教養孩子，接下來我們會分成情感面、生理面、屬靈面和社會面四個部分來討論如何養育我們的孩子。

1. 在情感上滋養他們

「母親怎樣安慰兒子，我就照樣安慰你們。」（以賽亞書66:13）

「只在你們中間存心溫柔，如同母親乳養自己的孩子。」（帖撒羅尼迦前書2:7）

就算全世界都和我們唱反調，就算生命困難得無法言喻，只要我們感受到母親的疼愛，一切都變得可以承受。沒有什麼比母親的愛更偉大，神美好的計畫就是讓我們一出生就先嚐到母愛的安慰和親密，這是生命中經歷到第一份愛的關係，預備我們迎接未來的人生。

一份獨有的親暱

大部分的媽媽都深愛自己的孩子，尤其他們剛出生的前幾個月，母親和小寶貝是格外地親密。我們將他們緊緊抱在懷中，餵他們喝奶，滿足他們每一個需求。然而當我們的小寶貝長大後，我們逐漸失去這種獨特的親暱感。和孩子之間的親暱關係必須持續地培養，這份關係會幫助他們深深地感受到自己是無比珍貴的。即使這個世界不斷貶低他們，讓他們覺得自己毫無價值，母愛就像堅強的堡壘，幫助他們抵擋人生必經的高低起伏。

我們要學習成為溫暖又親切的母親，撫摸妳的孩子，擁抱他們，對他們微笑，用妳的言語鼓勵他們，不斷地告訴他們妳有多麼愛他們。我常會對我的小女兒小雅說：「妳知道媽媽有多愛妳嗎？」

她會用我說過無數次的話回答：「比全世界所有的東西加起來還要多！」

當我開始教養我們的第一個孩子時，我就體會到我一定會犯很多的錯誤，多到連哪裡錯了都不知道。有段經文是我一直緊緊抓住的，（特別當我們的孩子是青少年時！）在彼得前書四章8節：「最要緊的是彼此切實相愛，因為愛能遮掩許多的罪。」

那時我就決定，就算我會犯無數的錯誤，但我的孩子絕對不會懷疑我對他們的愛和信任。我相信我的愛可以保護他們不致因我的不完美而受到傷害。

一份獨特的關係

我們不只要和孩子充滿愛的連結，還要和不同的個體各自有獨特的關係。

每個孩子都是神獨一無二的創造，祂一個模子只造一個人，完成後模子就丟了。妳的每一個孩子都必須在妳心裡有獨特的位置，沒有人可以取代。假設神深愛我們，但卻是一種誰都沒差的博愛，那會怎麼樣呢？還好，神對我們的愛是獨一無二的，我們每個人在祂的心裡都有一個特別的位置。祂認識我們，深愛我們，並且「喜愛」我們，祂連我們的頭髮都數算過了，並且在天堂為我們每個人預備了專屬的房間。

我一直以為我的母親最喜愛我，一直到我長大成人後，才發現我們四姊妹每個人都自認是母親最喜愛的女兒。我母親並沒有跟我們任何一個人說：「媽媽最愛妳喲！」只是她愛我們的方式，讓我們每個人都覺得自己是獨一無二的珍寶。我們每一個姊妹都相信自己很獨特，並且深深地被喜愛著，這都是我母親的功勞！

不論我們的孩子排行第幾，也不論他們個性相近或完全相反，我們都要讓他們覺得和我們的心深深相連。換句話說，每一個孩子都必須是我們的「最愛」，因為每一個孩子都以無可取代的方式豐富了我們的生命。孩子愈多妳就會變得愈忙，而這份獨特感也愈難做到。

我們家在老么的身上經歷到這種危機。我們的前三個孩子歲數都很相近，但是老么小雅卻相隔了六歲，當她出生時，哥哥姊姊都忙著上學，而我也忙於教會的服事。由於生活實在太忙碌了，我們請了褓姆來家裡幫忙照顧她。我雖然非常享受和小雅共處的時光，但一直到很多年以後，我才發現我和她的情感親密度遠不及其他三個孩子。

我們搬家後，小雅最愛的褓姆消失了，我們關係的脆弱才被暴露出來。小雅從一個開心活潑的小淘氣，突然變成了安靜的小女孩，她變得很愛哭，也不再喜歡去上學。

我逐項檢查哪裡出錯了：健康沒問題，學校沒問題，朋友沒問題，她的作息也沒問題。到底怎麼了？

最後，牧山說他覺得問題是出在小雅和我之間不夠親暱！我先著手處理自己的罪惡感、悔恨感和受傷的自尊心，隨即開始重建我和小雅之間的關係。我花更多的時間和她相處，跟她說更多的話，也認真聽她說的每一句話。（當其他三個大小孩都爭相在你耳邊喧鬧著他們的重要大事，要專心聽一個四歲的小娃兒說話還真不容易！）我很開心當我這樣做之後，她立刻就有很神速的突破。

我很感恩，這個問題可以及早被暴露出來。我不敢想像如果我們的關係沒有改變，她的未來會變成怎麼樣，而我們也永遠不會有這麼親密的關係和友誼。

她是神所賜的珍寶，她今天已經是一個亭亭玉立的亮麗少女，她的生命充滿了愛和喜樂。我不只愛她，我們的關係也非常親暱。我了解我的女兒，也喜愛她。她有很強的個人意志，需要堅定不移的手去引導她，我很慶幸我們很早就建立起深厚的關係，伴她度過童年時期和每一個階段的人生。

一份特殊的了解

如果不了解每一個孩子獨特的性格，我們絕對不可能因材施教地培育和雕塑他們。很多父母深愛他們的孩子，但老實說，他們並不真的認識和了解自己的孩子。如果你不知道神是如何創造他（或她）的，你要怎麼知道「教養孩童，使他走當行的道，就是到老他也不偏離」（箴言22:6）？

神是完美的父母，祂深愛我們，也深諳我們獨特之處。

「耶和華啊，你已經鑒察我，認識我。我坐下，我起來，你都曉得；你從遠處知道我的意念。我行路，我躺臥，你都細察；你也深知我一切所行的。耶和華啊，我舌頭上的話，你沒有一句不知道的。……我往哪裡去躲避你的靈？我往哪裡逃、躲避你的面？……就是在那裡，你的手必引導我；你的右手也必扶持我。」（詩篇139:1-4、7、10）

媽媽們，請用心研究妳的孩子，發掘他們的能力和才能，探索他們個性的長處，鼓勵、建造並且幫助他們發展這些恩賜。

他們的弱項又在哪兒呢？有沒有能力不足或是欠缺磨練的地方，是你可以幫忙加強的？個性上的缺點如果不好好矯正，長大成人後會不會有很大的殺傷力？他們會不會懶惰、欺騙、自私，或是控制不了自己的情緒？

如果我們對培養孩子的個性，像培養他們智能、體能發展一樣地熱衷，那我們一定可以教出最棒的孩子。

我也不知道是什麼原因，但是媽媽對自己孩子的需要就是有種特殊感應，也知道如何引導出他們的感受。也許是因為懷孕期間我們共處一個體內，或是女人天生的直覺，或者愛的本身就會加強妳的敏銳力，但我知道神就是將這樣特別的能力賜給了母親。我們往往是第一個察覺到他們在生氣、有敵意或是受傷的人，我們通常也是第一個想到當中也許有更嚴重的問題的人。身為母親，我們必須要用心觀察、用心聆聽，用心處理我們所看到的。

另一方面，我們也不要低估了孩子和父親之間的關係。通常孩子比較容易跟母親説話，我們比較溫柔，不會責備他們，或是很快體會到他們的需求。這是可以理解的，但是不可以變成母子間無話不談，父親卻都蒙在鼓裡的狀況。

我們要鼓勵並堅持孩子得學習和他們父親説話，尤其是他們漸漸長大時。在我們家，孩子們非常尊重他們的父親，他們既愛慕又佩服牧山，但是有時候他們也會害怕他怎麼説、怎麼看他們。他們還小的時候比較喜歡找我説話，因為這容易得多了，我要非常努力地幫助他們對爸爸敞開心胸，當他們的關係緊張時，也要努力地避免自己捲入其中。

養育孩子是相當費力的工作，有些母親會覺得自己被壓得透不過氣來，讓我給你些實際的建議來幫助你：

- 善用零散的時間：在一天之中，利用些零散的時間和你的孩子聊聊，拉近彼此的關係。當他們逐漸長大，這樣的互動更加重要，因為零散的時間基本上就是妳所有的時間。
- 帶一個孩子跟你走：我們第三個孩子出生後，我們夫妻兩個人得顧三個孩子，所以牧山和我養成一個習慣：做什麼事都盡量帶一個孩子出門。這個習慣使得一些無聊的例行公事，像是去超市採買、去銀行辦事等，都因著孩子的參與而變得有趣多了。

- 溫馨接送情：有時候我在想，我應該把我們全家都搬到車子裡，因為我每天的生活似乎就是當孩子的司機，接送他們上下學和參加各種活動。如果我往負面想，這真是當媽媽最令人沮喪的部分，我的一生都在車子中度過了！

    但其實這是神最大的其中一項祝福，交通時間提供我們最棒的聊天時機。我通常都利用去程的時間，聽他們說令他們心煩、覺得挑戰或是興奮的事情，然後把握機會給他們引導和正確的價值觀，幫助他們面對不同的狀況。我再利用回程的時間為剛剛的事情禱告。另外我也會同時順道接送他們的朋友，讓我聽到同年齡孩子間的對話和心聲。

- 精心的睡前時間：花個幾分鐘在睡前跟孩子們聊聊今天發生的事，有時候孩子們就是需要表達他們的感受，無論是受傷、失望、生氣還是愉快。有時候他們會想要坦白他們犯的罪，想要在我們和神面前找回清潔的良心。（我們都知道帶著清潔的良心上床睡得比較安穩！）每一次的睡前時間，務必記得用肢體和口頭上的言語表達你的愛，不論是擁抱、親吻、輕柔撫摸和拍拍肩膀都好。我要在孩子們閉上眼睛睡覺前，讓他們知道我全心全意地愛著他們。

2. 在生理養育他們

「她好像商船從遠方運糧來，未到黎明她就起來，把食物分給家中的人，將當做的工分派婢女。她不因下雪為家裡的人擔心，因為全家都穿著朱紅衣服。她為自己製作繡花毯子；她的衣服是細麻和紫色布做的。」（箴言 31:14-15、21-22）

就像所有的母親一樣，每一張孩子親手做給我的卡片我都好好珍藏著，看著他們真摯的表達總是令我眼眶含淚、會心微笑。他們會感謝對他們而言最重要的東西。

佑恩八歲時，在情人節寫了一張卡片給我，來看看他寫了什麼：

> 這個家如果沒有妳會變成什麼樣子呢？我們只有難吃的東西，上學永遠都來不及，再也快樂不起來。我們肯定會變得一團糟！

養育一個孩子有很大一部分是在滿足他生理的需求，要好好經營一個家，好好照顧每個成員，真的要耗掉令人難以想像的時間和精力。除此以外，我們當中有許多人是職業婦女，不管我們的工作有多忙或多累，下班後孩子們都等著妳來照顧。

孩子們得吃到營養健康的三餐（稍後的章節我們會提到一家人一起用餐的重要性），有時候你可能會忙到只吃些零嘴或速食來充飢。偶爾吃吃披薩或是漢堡、炸雞是很方便，但母親的工作是要提供一家人營養又美味的餐點，而我們得好好負起這個責任。

我們不必是餐廳的大廚師，不用根據每個人的口味特製他們喜愛的佳餚。孩子通常都很挑食，對付這個毛病的最佳方式就是別太在意。我準備的一餐當中至少有一樣是他們愛吃的，就算他們只吃那一樣，其他的碰都不碰，我也不會冀望他們一定要嘗試別道菜，我也不會為了任何一個挑剔的胃口再回到廚房多準備兩三道菜。

我看過許多母親因為太過擔心小孩子吃或不吃，反而適得其反，引起孩子們更多的飲食問題。其實只要我們不要用垃圾食物把他們塞滿，大多數的孩子會吃他們該吃的。

小一點的孩子比較會有挑食的問題。大緯是我們家最挑嘴的一個，他小時候早餐通常每樣都吃，午餐只吃一點點，而晚餐幾乎什麼也不吃。他很喜歡吃白飯，所以我幾乎每餐都會準備。我們盡量不管他奇怪的癖好，他當然還是活得好好的，也健健康康地長大，他長大以後可是吃得比我們任何人都還多哩！

另外一方面，沒有節制的飲食習慣可能到長大後還戒不掉。成長中的孩子一天之內也許需要幾次小零嘴，但是他們不能毫無節制和選擇地亂吃。

我們家裡不許孩子自己去拿零嘴來吃，他們不能整天在廚房裡吃吃喝喝。太多的孩子有過胖和健康上的問題，通常他們都沉溺在自我放縱和懦弱的性格中。我們要趁孩子還小的時候，就幫助他們建立良好的飲食習慣和健康觀念。

除了得滿足食量不斷成長的一家子外，我們還要確定孩子們有合適的衣服，這對我們忙碌的時間表和經濟都是一筆不小的負擔。我還記得開學時我得一次買四雙新鞋子，而且他們長得愈大，鞋子就愈貴！

我們必須以神為中心來看待這些生活上的需求，尤其身為女人，我們更應該有平衡的價值觀。我們要照顧一家大小的生活需求，也要花更多時間對抗琳瑯滿目的流行商品。生活的需求是很正當也很重要的，但是這些物質不該變成我們生活的重心，也不能取代真正重要的價值。

媽媽們，妳對物質的價值觀會傳承給孩子，如果我們不斷追求外表的絢麗和物質的滿足，那他們一定也會變成這樣！如果我們的態度是屬靈又健康的，我們的孩子也會反映出這樣的特質。

「……生命不勝於飲食嗎？身體不勝於衣裳嗎？……所以，不要憂慮說，吃甚麼？喝甚麼？穿甚麼？這都是外邦人所求的，你們需用的這一切東西，你們的天父是知道的。們要先求他的國和他的義，這些東西都要加給你們了。」（馬太福音6:25、31-33）

說了這麼多，讓我再強調一點：幫助我們的孩子在不同場合穿得合宜是很重要的，這會使他們在同儕之中能大方自處。有的孩子比較會注意外表衣著，身為老師，我得告訴妳一個很現實的真相：一個孩子乾淨整潔和衣著亮麗，一定會影響他在團體中的行為，也會影響別人看待他的態度。

如果你的孩子不知道如何打扮，你得好好幫他們，只要確定你的審美觀符合現代潮流，而不是三十年前的！我記得我曾經和一個母親討論她十二歲的兒子，他常被同學們嘲笑，在巴士上和學校裡都不斷被羞辱和虧損。

當我多認識這個男孩一些以後，我知道他心地善良、個性可愛，但想試著不被他的外表影響實在很難。他看起來總是很邋遢，衣著過時，甚至有點女性化。也許我們有些大人會因為他的內在而欣賞他，但學校的孩子（還有很多老師）可不會給他任何機會。

我告訴他的母親，應該要讓他去專業理髮店好好剪個髮型（他的頭髮一直都是由母親修剪），也要幫他穿得帥氣點。過幾天他以全新造型出現在教會中，一頭新髮型看起來帥極了！整個人變得煥然一新 ！

媽媽們，妳不必花大把銀子把孩子打扮成時裝模特兒，但是妳有責任要讓他們看起來舒服。外在打扮只是表面的，但人們第一眼就會注意到。如果我們沒有用心裝扮孩子，讓他們看起來乾乾淨淨、整整齊齊、跟得上流行，那我們可是大大地幫倒忙了。

請容我再多說一點外表的事，對孩子來說，父母的外表也很重要。他們希望向自己的朋友們介紹父母親時，或是被看到一家人在一起時，能夠以父母為榮。就像我之前說過的，我們不用太過於煩惱衣著的問題，但是要善用現有的資源把自己裝扮得亮眼得體。

媽媽們，當我們年紀愈來愈大時，我們得花多一點力氣來保持身材，這不僅讓我們自己更上相，也讓我們更有活力。我個人的觀察發現，如果我們用心裝扮自己，上點妝、好好打理髮型、穿得有魅力點，我們自己會對生活有更多的期待，而孩子們對我們的態度也會更好。

3. 在屬靈上教養他們

當孩子還年幼時，教導他們並示範一份真摯又有活力的信仰，媽媽可能得扮演最重要的角色。我們通常會花很多時間和年幼的孩子相處，如果可以待在家陪孩子一起成長那就更好了。

當他們年紀還小時，我們就可以教他們神是愛他們的，並且幫助他們去回應這份愛。「我們愛，因為神先愛我們。」（約翰一書4:19）對神的愛慕源自於發自內心的讚美，讚美神的本性和祂所做、所付出的一切。孩子們並不會自然而然就生出感激的心，一定要透過我們的教導和解釋才能培養出來。

本書的第七章會著重在如何訓練孩子，但在這裡我先給年幼孩子的母親一些重點提要：

教導孩子透過大自然去愛慕神

你上次注意到神創造的美麗日出和夕陽是什麼時候呢？你對著不斷衝擊的海浪驚嘆神的大能又是多久以前了？而你多久沒有讚美神以大能將秋天裝飾得如此絢麗？即使到現在，每當我的信心軟弱動搖時，我都會回到大自然中去尋找神。當我環顧神所造的一切是如此美麗、雄偉而又精密地交錯在一起，我總會找回再簡單不過的真理：只有一位全能的造物主能夠成就這一切。

「自從造天地以來，神的永能和神性是明明可知的，雖是眼不能見，但藉著所造之物就可以曉得，叫人無可推諉。」（羅馬書1:20）

幫孩子對神的創造培養一份真誠的敬畏和愛慕，帶他們到大自然去觀察，向他們說明神創造一切的奇妙。我相信一個打從心裡愛慕和讚賞神的創造的孩子，一定會像聖經裡的大衛王一樣，長成合神心意的人。

用妳自己的榜樣去教導孩子

「身教大於言教」，就是這麼簡單。孩子需要親眼看到我們真心相信神是我們的天父，並深信耶穌是我們的救主。他們要看到我們和聖父、聖子有真實的關係，並且這份關係推動著我們生活的每一個層面。記得當莉莉還很小的時候，我無意間聽到她跟朋友說：「我媽媽常常禱告喔。」

孩子是否看到神是真真實實地活在我們當中呢？他們有沒有看到我們常常跟神說話和禱告？他們看得到我們在研讀聖經，並且讓神的話引導我們的生命嗎？孩子們是否感受到神的存在，完全取決於我們。如果我們的信仰只是口頭上的教義，如果神對我們而言只是一個嚴厲的主人，那我們的孩子也會這樣看待神。我們的孩子不可能看到完美的父母親，但是他們可以看到爸爸媽媽真誠地愛神，並且盡心盡力地跟隨祂。

用經文教導孩子

「但你所學習的，所確信的，要存在心裡；因為你知道是跟誰學的，並且知道你是從小明白聖經，這聖經能使你因信基督耶穌，有得救的智慧。聖經都是神所默示的，於教訓、督責、使人歸正、教導人學義都是有益的，叫屬神的人得以完全，預備行各樣的善事。」（提摩太後書3:14-17）

我全心全意地相信聖經是從神而來的，並且提供生活中所有狀況的解答和指引。我真心地相信，只要我們服從並遵守聖經的教導和誡命，聖經永遠行得通。但讓我驚奇的是，神的話在幫助孩子改變上一樣有強大的功效！我總是得不停地對孩子重複一些道理，而他們給我的回應真是少之又少，令人非常洩氣，妳一定可以體會我的心情，對不對？

但是當我用聖經去教導他們同樣的道理時，他們卻是立刻積極地回應！我無法了解當中的原因，只能說神的話的確是「活潑有功效的」（希伯來書4:12），並且絕對是最佳的育兒寶典。

聖經幫助孩子們了解到，有一套標準高於父母和他們之上，不是媽媽自己說了算，而是神要孩子服從媽媽。現在就開始用經文雕塑孩子的性格，並教導他們生命的真理！你絕對可以在聖經裡找到一段經文或是一個活生生的例子，來幫助你解決任何問題、任何狀況，或是任何需要改變的態度。以下是我們教導孩子們面對一些不同狀況的經文：

妒忌（創世記 4:4-9）

莉莉五歲時，很忌妒她弟弟大緯，有一天我真的是火大了，唸了亞伯和該隱的經文給她聽。本來我還有點擔心這樣下手會不會太重了，沒想到她聽完後想了一想，就看著我說：「我想他們是不是從小時候開始就不喜歡彼此？」她居然完全懂了！

兄弟姊妹關係（出埃及記2:1-10）

米利暗和摩西的故事就是一個年長兄姊照顧年幼弟妹的絕佳例子。

兄弟姊妹關係（雅各書4:1-2）

你的孩子們是不是常常在一起爭鬧不休，動不動就吵架？真正的原因是他們都很任性，只想到自己要什麼。

吵鬧與抱怨（腓立比書4:4）

這是孩子們開始不滿抱怨時，我們要他們背誦的其中一處經文。經文的大能大力真是不可思議，每當我們要莉莉跟我們一起複誦這段經文時，還沒開始唸她就哈哈大笑了！

吵鬧與抱怨（腓立比書2:14-15）

鼓勵孩子們要像天上的星星一樣明光閃耀。小雅愛死了這段經文，當我們要求她改進時，她不只做得好一點，她做到最好！

憂慮與愁煩（腓立比書4:6-7）

這是一段非常美的經文，可以教導孩子們處理令他們愁煩的事情：

- 要為每一件事禱告
- 要有感謝的心

這段經文是大緯的最愛，他是憂愁大師，我們會跟他一起討論這段經文，一起背誦，然後禱告神賜給他「心靈的平安」。

生氣（以弗所書4:25-27）

有些孩子生性就比較容易情緒化和發怒，他們得學習好好抒解激怒他們的事情，以免控制不了自己的脾氣。佑恩就是這樣，得不斷努力控制他的脾氣，而這段經文給他極大的幫助。他學習說出自己的感受，而不是一味地發脾氣。

懶惰（箴言6:6-8）

如果你的孩子眼睜睜地看著大家忙東忙西，卻仍一副氣定神閒、動也不動的樣子，那你得趁著他年幼的時候就改變他！你們得嚴格地堅持他要努力工作，不過盡量使之充滿樂趣。我們給佑恩的家訓就是：「成為一個辛勤勞動的愛好者」。

愛（哥林多前書13:4-7）

我們生命中最重要的特質就是愛了，我們一定要積極地培養孩子成為有愛心、懂得關懷的人，這是一段很值得背誦的經文。

還有好多好多強而有力的經文可以激勵孩子，幫助他們建立對神的信心，培養良好的品格。發揮聖經的力量，讓你可以在教導孩子時，「把基督的道理豐豐富富地存在心裡」（歌羅西書 3:16）。任何需要教導孩子們的公義準則、他們對生命的任何疑惑，都可以在神的話語中找到指引，請善加使用吧！

4. 在社會關係上培育他們

耶穌的智慧和身量，並神和人喜愛他的心，都一齊增長。（路加福音 2:52）

耶穌是這個世界上最偉大的人，祂為神成就了偉大的事，帶給我們救贖，並且活出無比美好的生命，然而祂生命的力量有一部分是來自於祂具有和人們融洽相處的能力。

身為母親，我們要培養孩子的社交技能，讓他們在社會上懂得如何與人互動，建立健康又有意義的關係。這些在傳統社會都是每個孩子必備的基本技能，但是在這個世代似乎被遺忘了。

養成好規矩

- 「請」、「謝謝」仍具有神奇的力量，教妳的孩子多說一點。
- 「抱歉打擾一下」、「不好意思」也是多多益善。
- 教孩子們如何大方地介紹家庭成員和朋友。
- 教孩子們別人說話時不要打岔。
- 教孩子不要用輕浮的通俗話如「好啦」、「不要」、「嗯哼」來應對；禮貌地回答：「好的」、「是的」、「不用了」。

- 教孩子在擁擠的空間中，恭敬地禮讓座位給其他大人，特別是女士。
- 教孩子為女士開門，這仍然是很棒的紳士風度。
- 我們是否期望孩子隨時注意別人的需要，並立即伸出援手？像是幫忙提包包、協助長者和幼童。

此外，良好的電話接待和餐桌禮儀可以表達對其他人的尊重和體貼。最重要的是，我們要教導孩子作個謙虛、熱心助人、並且體貼他人需要和感受的人，這不只可以幫助他們培養良好的性格，也可以幫助他們有好人緣。

作個友善的人

母親們，我們一定要訓練孩子對人友善，給人微笑且溫馨的招呼，而不是一臉滿不在乎地耍酷。教他們有信心地看著對方的眼睛，而不是一直盯著人家的腳趾頭。妳要陪孩子們練習，直到他們會這樣行出來。

教孩子要注意在學校、教會或是鄰居當中有沒有新來的朋友，幫孩子克服羞怯和尷尬，學習去和這些人作朋友。

我們也要教他們如何和別人找話題聊天。不知道該說什麼真的很尷尬，我們得教孩子對別人感興趣，並且使對方輕鬆自在地聊天。幫助他們成為一個溫暖的人，有能力成為別人的朋友，這樣他們就永遠不會缺少好朋友。

ꕥ

我們到底該怎麼形容「母親」呢？當我們想到母親一詞時，就有無數的畫面和感覺浮上心頭：可能是一個年輕的母親溫柔地懷抱著她的寶貝，可能是一個忙碌的母親在廚房煮飯，可能是一個累癱了的母親被成堆要洗的衣服團團圍住，也可能是記憶中我們母親的手輕撫著我們的頭，溫柔地與我們輕道晚安。

只要說起「母親」這兩個字，我們的思緒就變得像美麗的水彩畫般溫柔而祥和；但是想深一點，我們也許會想到身為「母親」的另一面意味著混亂、喧鬧、氣急敗壞，還有一種自己永遠都不及格的感覺。

不管你是什麼身分地位，成為一個母親會把我們最好的和最壞的部分都給逼出來。但最重要的是，這是一份來自神的殊榮和禮物，如果妳按著祂的方式做，祂會供應妳所需的一切，讓妳成為一個好母親。我深深地希望有一天，我們的家人會這樣形容我們：

「她的兒女起來稱她有福；她的丈夫也稱讚她，說：才德的女子很多，惟獨你超過一切。」（箴言 31:28-29）

04 新時代母親

「然而，女人若常存信心、愛心，又聖潔自守，就必在生產上得救。」（提摩太前書 2:15）

一個小嬰兒的誕生是生命中最偉大的奇蹟，當妳看著懷中剛出生的小寶貝時，心中真是充滿了無限的驚喜！這個小生命前不久還在妳的肚子裡待了好幾個月，在生理和情緒上為妳帶來巨大的變化，更別說妳這期間經歷多少激動的時刻。

現在他（她）終於出來了，一個真實的小生命，和妳一樣有著兩個眼睛、一個鼻子、一個嘴巴、還有可愛極了的小手小腳，有任何事情曾經讓妳的內心如此激動嗎？這一切讓妳體驗到神無法言喻又美妙的創造大能，讓妳經歷到不曾想像的喜悅和深深的愛憐。然而，往往才過了幾天，妳就突然被一股強大的驚慌淹沒，妳開始問自己：「天哪！我做了什麼！」然後是「那接下來該怎麼辦呀？」

我們的一生好像都在等待這個特別的時刻，但是當我們終於成為一個母親時，我們卻發現自己完全沒準備好，充滿了焦慮和不安全感，不知道該怎麼照顧這個無助又脆弱的小生命。我們從來就沒想過當媽媽會如此精疲力盡，既挫敗又混亂，三不五時就灰心喪氣。

就算妳和先生之間的感情原本非常親密穩固，此時也會經歷突來的緊繃和疏遠，每一個人面對的挑戰都不盡相同。但請相信我，我們都會備受熬煉！

聽起來很令人洩氣嗎？雖然養育孩子是世界上最艱難、最嚴苛的挑戰之一，但絕對也是最令人滿足的任務之一。

保羅在提摩太前書二章15節中想要傳達的涵義深遠，不是我用很短的篇幅就可以解釋清楚的，但是我相信養兒育女絕對是神要琢磨我們女人、雕塑我們個性最偉大的方式之一。沒有任何事像養兒育女一樣，使我們的弱點暴露出來，讓我們不得不去克服自己的缺點，給我們機會變得更加成熟。

這當中有無數的過程等待妳去經歷，無數的改變等著妳去調整。我自己經歷了四次「新生兒」的過程，說真的，第一個孩子最具挑戰性，世界的一切都變得全然不同，許多事情我壓根兒都沒想過，我完全沒料到一個小生命會如此徹底地改變我的人生！

成為母親最主要的改變發生在妳的作息時間表、妳的婚姻和屬靈生命，妳可以多問問其他人。如果好好面對這些主要的問題，那妳其他方面一定也都處理得來。

時間管理的調整

每當我生下一個小生命，我都會非常訝異這個不到四千公克的小東西，居然可以讓我的整個人生和家庭都翻天覆地！小嬰兒既不會動也不會説話，整天不是喝奶就是睡覺，但如果有人問我：「妳今天都做了些什麼呀？」我只能老實地回答：「我自己也不知道。我還沒吃東西、還沒裝扮，連棉被都沒整理，但是我整個人都累壞了！」雖然一開始是這麼混亂失控，不過這一切的確是有慢慢步上軌道的可能，我做到了，而妳一定也可以。

「要愛惜光陰，因為現今的世代邪惡。不要作糊塗人，要明白主的旨意如何。」（以弗所書5:16-17）

有耐心

等小寶貝六個月大時，事情會變得容易許多，妳會逐漸找回自己的節奏，並且可以微笑地看著自己同時輕鬆巧妙地處理許多事情，妳會找到訣竅，一切都會好轉。

井然有序也要靈活彈性

生命會變得如此混亂，主要是因為我們還不習慣有個小傢伙隨時會打斷我們的生活。當小寶貝有需要時，我們得學習靈活變通我們的行程，但是也要盡量做好安排，讓我們還是能夠扮演好其他的角色。

我們得建立生活的節奏和模式，神是井然有序的，而我們是按著祂的形像被造的。就像神將萬物安置得有條有理， 祂也希望我們盡力追求井然有序的生活。

此外，嬰兒也需要固定的作息表，妳注意到他們也有時間觀念嗎？嬰兒通常睡了一段固定時間後，就會醒來喝奶；等他們大一點，他們憑著直覺就知道午餐時間到了，還有他們最喜歡的電視節目要開始了。我發現孩子本身的性格愈強烈、愈固執和情緒化的孩子，就愈需要固定的吃飯、洗澡和睡覺的時間表。用心觀察他們天生的生理時鐘，並且盡力讓孩子和妳自己的生活作息可以配合。

孩子在嬰兒和幼兒階段都需要規律的就寢時間，不應該每天都隨心所欲。有很多小孩看起來一副完全失控的樣子，其實主因是他們脆弱無助，很需要在生活中有可以預期的時間表。如果只是根據你們自己的空檔時間讓他們入睡，孩子和你們都會付上慘痛的代價。現在就開始設立一套作息表，妳就會有性情穩定又快樂的孩子，連帶產生更和諧的家庭氣氛。

另一方面，當生活中有些不可避免的變化時，孩子們又展現出驚人的適應力，他們不會因為一次午睡被吵醒就崩潰，也不會因為晚點就寢就立刻生病。事實上，我相信孩子們很需要有固定的作息，但他們同樣也需要學習適應生活中無法預期的變化。

讓孩子在不同的地方睡覺，可以加強他們的適應力。我外出時總會帶著孩子最喜歡的小毛毯或是被子，如果他們需要小睡一會兒，就可以抱著自己熟悉的小毛毯入睡。

我在睡前也會為每一個孩子輕唱他們專屬的晚安曲，莉莉喜歡《平安夜》和《美好的一天》，佑恩和小雅愛聽《耶穌愛我》（他們各自偏好不同節的歌詞），而大緯不知道為什麼，堅持就愛冷門的《黑羊咩咩叫》。如果沒法在家裡睡覺或是由別人照顧他們時，我和褓姆就可以唱這些歌，讓他們仍然享有同樣的就寢儀式。透過這些小小的點子，我可以在建立好的規律生活中引進一點點的彈性。

無論他們乖巧或哭鬧，練習善用妳的時間

較小的嬰兒在早上通常既快樂又滿足，他們通常可以好好睡個長覺，也不太需要妳的注意力。善用這些時間多做點事情，你可以在這個時段好好地靈修、做做家事，或是和別人一起共度時間。

如果妳的寶貝在一天之中特定的時段較難搞（通常是傍晚的時候），妳就得跟著調整自己的時間。很多嬰孩一坐上車就會安靜下來，甚至引擎一起動就睡著了，妳就可以安排這個時間開車出門處理些事情。或是妳的寶貝很喜歡洗澡，那就將洗澡安排在寶寶煩躁不安的時間。總之，就是動動妳的腦筋，善用妳的創意，樂觀地想出解決之道。

當大緯還是小嬰兒時，通常在傍晚特別容易哭鬧，但我發現他很喜歡浴室的水龍頭和燈，磁磚閃亮的光澤。只要我帶他到浴室他就會變得像被催眠一般安靜。所以傍晚一到，我就會把他放在嬰兒提籃中，再把浴室的燈全部打開，讓他安靜地在裡面享受，然後趕快去做晚飯。他通常可以安靜個十幾二十分鐘，讓我好好做頓飯。

作個聰明的女主人，用心觀察有哪些事可行，並且持

續下去。妳的寶貝會不斷改變作息時間，他喝奶的間隔會拉長，清醒和睡覺的時段也會變動。最具挑戰性的就是當他們改變時，我們也得跟著改變。我還記得當我覺得一切終於慢慢上手時，又得更動孩子和我自己的作息表，那時真的很辛苦。他們不斷成長，一切也得跟著變動，不過好消息是他們也會變得比較容易預測。相信我，真的會愈來愈輕鬆。

接受事實吧，妳可能再也不會感覺事情完成了或是做得很完美

這可能是很多新手爸媽最難接受的部分。禱告妳能將一天最重要的事做好，盡力就好，為妳已經完成的感謝神，然後明天又是新的一天，可以重新開始。對自己多點耐心，給自己多點時間，妳可以完成的事會愈來愈多的！

善用零散的時間

寫張卡片、打個電話給朋友、拜訪鄰居，或是摺件衣服都不到二十分鐘。學習善用你零散的時間，長時間的空檔可能永遠都不會出現了，別再巴望了。

簡單一點

學習拋開過多的壓力。如果妳今天的行程很緊湊，就別逼自己還得準備美味的滿漢全席，簡單的便餐就可以了。妳可以在一天或是一週的開始就計畫好要做什麼菜，

別等到妳的孩子餓著肚子尖叫了兩個小時後，還在想要擠出什麼豐盛的宴席。

樂於接待

妳還是可以多邀請別人來家中作客，但是讓妳自己輕鬆點，準備聚餐時可以親手做兩道，另外一道買現成的就好了，或是偶爾打電話訂個披薩來吃。怕自己搞不定許多賓客的晚餐嗎？那就請他們吃一頓下午茶吧。

多用妳的家傳福音

過去家庭對我們來說就是休息的地方，一個讓我們好好睡個覺、醒來後將自己打理好再重新出發的地方。不過家中多了一個小寶貝之後，家就不再只是像住旅館這麼簡單了。提多書二章4至5節說到：

「好指教少年婦人，愛丈夫，愛兒女，謹守，貞潔，料理家務，待人有恩，順服自己的丈夫，免得神的道理被毀謗。」

我們要學到家不只可以讓妳好好休息，也可以讓妳積極地傳福音。我們要多花點時間認識附近的鄰居，多邀請別人來家裡作客，讓我們的生活聚焦於福音。妳不知道自己有多麼閃耀，只要別人來到我們家中，看到我們的生活，他們就看得到基督的榮光。

作個在家工作的SOHO族

我們的社會在過去二、三十年間發生了巨大的改變，隨著新科技的進步，生活變得比過去更容易，卻也更忙碌了。養兒育女的花費增加了，而我們又很習慣於便利舒適的生活，這使得許多母親對於到底要不要去上班這個問題，充滿了困惑和壓力。我無法告訴妳該怎麼做，這是個非常私人的決定，妳和妳先生要一起為這個家好好討論。無論怎麼做都沒有對或錯，但是對妳個人和家庭來說，的確有一個「最好的」決定。我想提供妳一些可以好好思考的問題，幫助你們作個有智慧的決定：

1. 了解自己的能力。我生活的原則就是「作好一個基督徒為優先，再考量我還有能力做多少事情。」有些女人能力很強，可以把很多事情處理好，同時仍保持著優雅屬靈的態度。我們的確應該加強我們處理事情的效率和組織力，但是有些人（例如我）就是無法像那些人一樣厲害。

2. 你們的財務狀況如何？你們的負債狀況如何？每個月的固定花費是多少？得賺多少錢來支付這些開銷？事實是我們很多人都得上班養家活口，就算不是全職也得兼職，也許不是一輩子，但至少現階段是如此。檢視你們的財務收支，然後問自己：「孩子還很小時，是否有可能兼職呢？全職工作是必要的嗎？」

3. 誰來照顧妳的孩子？妳一定要確保孩子在安全和

愛的環境中成長，並且提供他們良好的價值觀。如果孩子一天有好幾個小時不在妳的身邊，妳一定要注意他們的所見所聞，會不會傷害到他們的純真和自信心。

小雅四歲時，我讓她去附近的幼稚園上學，我埋首於教會的服事，天真地以為她待在一個很好的環境。在學業上那的確是一間好學校，但是我後來才知道他們會對孩子說既嚴厲又傷人的話。某些孩子對這些話是聽了就忘，但是小雅可不是，她到現在還記得那些難聽的話，也記得當時她有多麼無助和孤單，她每次說起這些事我都深感內疚！我說這些話，並不是想要加深職業婦女的罪惡感，或是讓妳們覺得自己不是個好母親，我只是想鼓勵妳們，務必要好好考量孩子所處的環境。

4. 如果我去工作來支持家庭的經濟，我是否有把褓姆或托兒所的花費、上班通勤和其他費用一併考量進去？我賺的錢真的有幫助嗎？這值得我花這麼多的時間、體力和壓力嗎？

5. 我想要做什麼工作？考量妳真正的喜好並沒有錯，當然最後的抉擇並不是完全基於妳個人的需求，但的確應該考量進去。如果上班時間可以做自己喜歡的事情，你是否會是一個更有耐心、更有愛心、更稱職的妻子和母親呢？有些人真的很渴望發揮自己的才能和所學，這並沒有錯，只要妳能調適好隨之而來的忙碌和壓力。

我想妳真正該問自己的問題是：「這樣做會讓我成為一個更好、更快樂的妻子和母親嗎？或是工作反而剝奪了我最好的時間和精力？」我的小女兒小雅現在已經是三個年幼孩子的媽媽。她雖然很喜歡、也很享受作一個母親，但是她發現如果她每週有些自己的時間，她會是一個更稱職的母親。她很喜歡寫作，幾年前她開始了自己的編輯工作，她請褓姆固定來幾個下午照顧孩子，她就可以出門寫寫東西，或是埋首於家裡的書桌前專心工作，對她來說這真是再好不過了，孩子們很開心，對家裡的經濟也很有幫助。

6. 如果妳一定得工作，不要反抗，就接受吧！工作或是在家照顧孩子，這些情況我都經歷過。在孩子還沒上學前，我作過全職媽媽，也在家裡和公司兼過差，我帶著孩子在幼稚園上班，我在教會做過全職和兼職服事；我賣過房地產和做過小小的服裝生意……光想到這些我就累了。

我的確相信，如果盡可能在家帶小孩會最好，除了能好好照顧、訓練他們之外，還可以享受這一去不復返又短暫的快樂時光。如果你們可以調整生活方式來因應單薪的收入，那麼妳就可以考慮在家照顧年幼的孩子；如果媽媽可以部分時間工作，有多點時間在家陪孩子，那也是好事一樁。

不過如果上述兩種情況都不適用於妳，其實有許多家庭都是這種狀況，不要抗拒或厭惡這個無法改變的事實。妳會浪費寶貴的時間，並且偷走妳的家庭最需要妳的地方：妳的愛心、妳的喜樂、還有妳的平安。與其每天在那邊怨天尤人，還不如好好計畫怎麼讓工作和生活更有組織和效率，並且好好地愛妳的丈夫和孩子。

如果沒辦法改變現況，就接受它吧！學習作個出色的在職媽媽，神知道妳做得到，而且一定會給妳一條出路。

婚姻關係的調整

「……不可離棄你母親的法則；因為這要作你頭上的華冠，你項上的金鍊。」（箴言1:8-9）

我每天都不住地感謝神，賜給我非常棒的父母將我養育成人，我真是幸福，除了他們給我好多的愛和支持，還有許多好棒的榜樣和教導，深深地印在我的腦海中。我確定我的母親當時對我碎碎念時，一定在納悶我到底有沒有真的「聽進去」。

那些我「聽進去」的事情，真的成了我「頭上的華冠」和「項上的金鍊」。有無數次她唸我說：「蕾兒，說話不要那麼大聲」；「蕾兒，不要那麼霸道」（到現在還是好難喔）；「待人美善才是真正的美」；「一定要讓神在你生命居首位」。這些教導到現在還歷歷在目，當中有些淬鍊了我的生命，有些成為我一生的根基。

我母親傳給我們四個姊妹最重要的真理，就是：「妳要先作一個好妻子，然後再作一個好母親。妳的孩子會長大並且離開妳身邊，但是丈夫會一直和妳一起。」我成長的過程中每天都親眼見證她活出這段真理，不只如此，我知道這是神的計畫，這個真理幫助我們度過婚姻中一些最具挑戰性的時刻。有些人是在新婚的頭幾年經歷艱難的適應期，但大部分的夫妻，在孩子剛出生時，原本穩固又相愛的婚姻就面臨巨大的挑戰。

對很多夫妻而言，懷孕和第一個孩子的誕生，讓他們從熱戀期迅速降溫，再也無法重燃愛火。不管別人怎麼告訴我，我從來也沒有想到成為一個母親後，對孩子的愛戀會如此強烈，是我未曾經歷過的。這是神所賜的情感，但一定要用神的方式去運用。往往在這樣強烈的愛意和溫暖的情感當中，我們對丈夫的愛和需求也逐漸消失，丈夫可能只被我們當成幫手使喚來使喚去，聽起來很糟吧？但我的確在許多基督徒的婚姻中，看到這一幕不斷上演。這是不對的、不屬神的，還會傷害妳孩子的未來，遠遠超過你的想像。

決定永遠愛你的丈夫，並且超過你對孩子的愛

現在就決定你們倆一起是孩子的雙親！別再分「你的孩子」或「我的孩子」，這是「我們倆的孩子」。我看過無數的新手媽媽為自己的小嬰兒疲於奔命，將孩子的爸爸當成一個什麼也不懂、老是幫倒忙的附屬品。沒有什麼比這種態度更能破壞你們的婚姻了，這也會一併摧毀孩子未來對父親的尊重和愛慕。

決定在情感和肉體上都和妳的丈夫親密。「二人成為一體。」（馬太福音19:5）決心作一個溫暖、親切、並善

於表達情感的妻子，別老是忙著別的事、一副冷淡的樣子。很多夫妻在懷孕前享有愉悅、令人興奮又滿足的性關係，孩子出生後似乎再也回不到過去，更別說還想要變得更好了。

對許多女人而言，懷抱依偎著自己的嬰兒就帶來生理上無比的滿足，再加上剛產後身材嚴重變形，使得女人對性關係的渴望降到冰點。這可能就是妳的感覺，或者我該說，不要聽信妳的感覺，妳得努力讓婚姻中的性關係回到從前的美好。通常產後的四到六週妳就可以重新有性生活，妳要儘快和丈夫「成為一體」。

妳甚至不想讓自己有一樣強烈的渴望，但妳仍需要惟有只關係才能帶來的親密和合一。妳需要，妳的丈夫也需要，只要妳堅持這份愛，時候到了，那看似消退的渴望自然會甦醒過來。不要想等到突然哪一天自然就會兩情相悅，妳會發現你們兩人漸行漸遠，變得陌生又疏離。妳沒發瘋，也不奇怪，這只是暫時的現象，但從現在起，妳必須努力重燃你們之間的浪漫。

靈性成長的調整

「若不是耶和華建造房屋，建造的人就枉然勞力……兒女是耶和華所賜的產業；所懷的胎是他所給的賞賜。」（詩篇127:1、3）

幾年前我在雜誌上讀到一篇文章，是關於新生兒的爸爸們在醫院候產室的故事，候產室中有一個箱子，邀請每位爸爸寫下他們在孩子出生時心中的感受和念頭。當我看著這篇文章中每一位父親所寫的小紙條時，心中十分感動。每個人都提到他們對於偉大造物主的信仰被大大地更新了，並且對神充滿了至深的敬畏和感激。我禁不住想，過了幾個月之後，這些信仰的更新和屬靈光照會變得怎麼樣？

孩子是神賜下最美妙的祝福之一，令人充滿驚喜，看著新生命誕生的奇蹟，你不可能不感到一股重生的敬畏，也一定會震懾於神的全能和偉大。然而對多數的基督徒而言，新生命的誕生卻往往是靈性下滑的開始，通常這些基督徒的靈性開始變得軟弱無力，愈來愈被自我需求和物質生活耗盡，再也無法恢復過往剛強的信心，更別提多結果子了。結果，神最棒的祝福，反而成了撒但陰險的武器，用來扼殺我們的靈性。

妳不用因為成為母親就靈性直落，事情不一定非得如此！在神的計畫和期望裡，孩子不是來扼殺我們的靈性，事實上，他們是來幫助我們得救的！

容我提醒妳，孩子會使得妳生活的每個領域，還有每個層面都需要巨大的調整，因此妳的靈性生活也必須有所調整，妳需要堅強的決心，才能持續有深度、有意義、不斷成長地與神同行。我們和神的關係是需要愛、信心和委身的，就像夫妻之間的親密感，會因為孩子的出生而經歷考驗，我們和神的關係也會備受考驗，但我們必須為了親近神而奮戰。

當妳的靈性突然經歷「嚴重衰退」時，妳可別太驚訝，但是不要允許自己停滯在那兒！通常最令人沮喪的部分，是要對付懶散和缺乏幹勁的感覺，一旦鬆懈下去又會陷入更深的沮喪。

有些女人沮喪的程度比較嚴重，有一位年輕的基督徒媽媽形容這是「嬰兒迷霧」，這只是極度的疲倦和賀爾蒙失衡造成的現象，領悟這個事實並接受它；但是另一方面，你要盡全力讓自己「殷勤，不可懶惰；要心裡火熱，常常服事主」（羅馬書12:11）。有時候妳只要先讓自己做出正確的行為，就是去付出和服事，然後妳的情感和火熱會自己慢慢回來的。

雅各書四章7至8節說：「故此，你們要順服神。務要抵擋魔鬼，魔鬼就必離開你們逃跑了。你們親近神，神就必親近你們。有罪的人哪，要潔淨你們的手！心懷二意的人哪，要清潔你們的心！」

我想給妳一些實際的建議，希望可以幫助你預防並且戰勝靈性的衰退：

1.產後的幾個禮拜內盡可能好好休息。不要想作個全能女超人，讓妳的身體好好修復，好好認識妳剛出生的寶貝，但也不要滿腦子都是自己的需要！

2.不論「得時不得時」，也不論妳是否感覺和神親近，都要持續和神建立個人的關係。試著在不同的時段和神獨處，看看什麼時間有最好的品質。可以是清晨，可以是妳先生出門上班後，可以趁著孩子睡覺時，或是妳上班的午休時間。

利用哺乳的時間禱告或是默想。要實際一點，每天固定花十幾二十分鐘專心和神親近，比不切實際地幻想有一個小時的空檔要來得好多了。盡量拉長這個時間，但是最重要的是持之以恆。

3.好好利用妳的新身分。小生命的誕生對於傳福音可是一大利多，每個人都愛小嬰兒，這個時候再難碰面的朋友都會出現，可別只是不停地談著小寶貝和妳自己！

4.和教會弟兄姊妹保持聯絡。利用電話、電子郵件，甚至當面聊天來和其他人多多接觸，妳可以用外掛式耳麥或是無線藍芽電話來與保持關係。我已經學會一面餵飢腸轆轆的寶寶，一面準備晚餐，腳底還順便抹抹地，同時又在電話中與人有一番深度的交談呢。

5.參加教會的服事和活動。

「你們不可停止聚會，好像那些停止慣了的人，倒要彼此勸勉，既知道那日子臨近，就更當如此。」（希伯來書10:25）

撒但不斷地想要破壞妳對靈命成長付出的努力，妳得作個決定告訴自己：「我要去參加聚會！」媽媽們，妳的寶寶適應力很強，他們可以離開家門，可以偶爾不用小睡，甚至可以讓其他可靠的人照顧一會兒，只要妳事前有良好的規劃，再加上一點點的堅持就可以了。記得出門前讓自己多點時間好好準備，也要預備一些突發狀況（寶寶需要換尿布、跌倒、哭鬧或胃痛），可能就在你們要出門的前一秒發生！

我前三個孩子還小時，每個禮拜天我都得早上五點起床，才可能九點準時到達主日聚會的地方。我知道我可能比大多數人慢多了，但單是車程就要花半小時，而且牧山常常要講道或是有其他服事，所以我得自己搞定三個孩子，這真的是很大的挑戰，但是絕對值得！

說真的，有很多年輕夫婦因為有了孩子而變得不冷不熱，這讓我非常難過。我知道要把孩子穿好衣服、餵飽，然後準備好帶到教會真的很辛苦，回到家時他們又因為沒有好好睡覺而累壞了，如果妳是平常還要整天忙碌的職業婦女，這一切一定更具挑戰性。但是媽媽們，這是非常值得的！妳需要神話語的教導，也需要和弟兄姊妹多交流，而妳的孩子需要看到妳的生命最重視的是什麼。

我仍然記得一些非常具有挑戰性的時刻，但我也知道我的孩子因為我的努力成為愛神、愛教會的人。事實上，當我回想起某些困難的時刻時，他們卻覺得那些是他們最難忘的童年回憶。記得耶穌說的：「你們要先求他的國和他的義，這些東西都要加給你們了。」（馬太福音6:33）

6.多問問成熟和屬靈的意見。當孩子生病時，讓成熟的姊妹幫助妳決定到底要不要帶孩子出門。我不認為該把健康的孩子暴露在病原中，也不贊成把病懨懨的孩子拖著四處跑，但我知道有些孩子總是在流鼻涕，並不是真的生病，也不會傳染給別人。就是多問意見，多讓別人幫助妳！

問問其他基督徒：「我會不會做太多，把自己逼太緊了？」或是「我應該多做一點嗎？」

珍惜美好時光

現在我要為這一章作結論了，我想鼓勵媽媽們，好好享受妳們的孩子，用喜樂、驕傲和讚嘆的心情去看待他們做的每一件事，神的奇蹟就呈現在妳眼前，用心去欣賞和享受，並且陶醉在這個奧祕之中。說來諷刺，正當我們覺得有信心可以把我們的小嬰孩照顧好時，他（她）卻開始蹣跚學步，邁向下一階段了。

我還記得莉莉三歲生日的時候，問她父親牧山說：「把拔，我什麼時候會變回兩歲呀？」我還記得我們當時彼此對望的表情：「回不去了，寶貝……妳永遠都不會再變回兩歲了。」

幾年後，我只能充滿驚嘆和敬畏地看著她蛻變成一個美麗的少女，那個讓我們無數夜晚不成眠的小嬰孩到哪去了？那個讓我的權威（還有自信）受到前所未有挑戰的兩歲小女娃到哪去了？她四歲的時候，只要我一不順她的意，她就威脅我說：「我不要作妳的好朋友了喔！」但今天，她的的確確是我最好的朋友。

時光飛逝，這些年到底發生了什麼事呀！我記得她還是個小嬰兒、坐在搖籃第一次吃麥片時，我對她唱著《日出，日落》，那個時候我就很深地感覺到時間會過得很快，而真的是如此。幾年過去，她已經成為一個母親，有她自己的孩子了。

新手媽媽們，好好珍惜這些時光，為了它是如此瘋狂而歡笑，為了它是如此短暫而哭泣，記得妳所做的一切！最重要的，讓神用這無數的日子，將妳雕塑琢磨成祂創造妳時心中的模樣。

PART TWO: FUNDAMENTALS

第二部：房角石

05 四大要素

「我今日所吩咐你的話都要記在心上，也要殷勤教訓你的兒女。無論你坐在家裡，行在路上，躺下，起來，都要談論。」（申命記6:6-7）

無論你從這本書中學到什麼，一定要熟讀本章！本章所提及之原則是教養子女最重要、最基本的四大要素，在為人父母的路上，這些要變成你的第二天性。這四大要素分別是：愛、尊重、服從與誠實。接下來的篇幅，我們會一一詳加討論。

第一要素：愛

有人曾問耶穌哪一條誡命是最大的？神所要的哪一項排名第一呢？耶穌毫不遲疑地回答：

「你要盡心、盡性、盡意愛主—你的神。這是誡命中的第一，且是最大的。其次也相倣，就是要愛人如己。這兩條誡命是律法和先知一切道理的總綱。」（馬太福音22:37-40）

愛是第一要緊的，其他都是次要，彼得曾說「最要緊的」是彼此切實相愛（彼得前書4:8）；保羅也說過就算我們擁有最棒的口才，能說預言，有智慧、信心，甚至捨身殉道，但若沒有愛，我們就「算不得什麼」（哥林多前書13:2）。

我們也許會給孩子最好的物質生活，買最貴、最流行的衣服，帶他們去度假，送他們上貴族學校，但是如果他們不覺得被愛，一切都是枉然。多少孩子擁有了上述的物質條件，卻只因為他們和父母不夠親近，就感到空虛、憤怒、沮喪和不滿足呢？

如果我們和孩子之間有愛和親密感，我們就有了立足點，也有了好的開始，他們和我們彼此相繫，會想取悅我們、想靠近我們，那就贏了孩子的心——最大的一場戰爭。但如果彼此沒有愛的連結，只會導致全家陷入無止盡的意志力鬥爭，而這場戰爭裡沒有人是真正的贏家。

身為父母，我們想擁有的、想給予的、超乎一切的就是愛。如果我們的家庭建造在愛的基礎上，孩子會很強健；在愛中成長的孩子，很少會被孩子圈中的小派系或是非法幫派給吸引；充滿愛的家庭是對抗誘惑、陷阱和防止被世俗侵蝕的強大堡壘，當然也能阻止許多問題發生。

孩子們天生就有愛的能力，只是有時候不知道如何表達。我們該如何把愛帶進他們的生命當中呢？

1. 教導他們神的愛

耶穌愛我我知道，
因有聖經告訴我，
幼小孩童祂牧養，

他們軟弱主剛強。
主耶穌愛我，
主耶穌愛我，
主耶穌愛我，
有聖經告訴我。

安娜瓦娜（Anna B. Warner）不朽的創作《耶穌愛我》已成為全世界的兒童經典歌曲。她想強調的是，孩子應該在充滿神的愛的環境當中長大，從嬰兒時期，他們就該被教導神關心他們、了解他們、喜愛他們，而且想靠近他們。孩子一定要明白，神是又真又活的，而且會成為他們最親密的朋友，你所能教導孩子的事當中，**最重要的就是孩子對神的看法**。這會改變他們的人生觀和世界觀。

許多人在成長的過程中，對神有著負面的觀感，認為祂是一個遙不可及、軟弱無力又難以取悅的獨裁者，常皺著眉，好似陰霾一樣籠罩著他們原本陽光般的童年。有些人要花好幾年的時間，才能擺脫那種情感上或理智上的負面想法。

讓我們把握機會，在幼年時就教導他們聖經裡這位偉大的神吧！那位創造他們、看顧他們、渴望成為他們天父、渴望在天堂永遠與他們在一起的神。

教導孩子們，神是他們的牧者，祂知道他們每個人的名字，總是看顧著他們，還派了天使跟他們在一起（馬太福音18:10）。他們需要知道，天父就像耶穌一樣，祂很愛小孩，而且常常花時間跟他們在一起。

2. 愛你的孩子

大部分的父母都愛小孩，你也不例外，否則你現在就不會讀這本書。我們要談的是，怎樣**更有效**地**表達**和**傳達**我們的愛。我們的目標不是只有愛我們的孩子，還要幫助他們明白我們有多麼愛他們。孩子在愛中愈有安全感，我們就愈容易訓練、管教和教養他們。

如果我們不夠謹慎，養育孩子的方式可能會淪為一場意志力的戰爭，而非享受一份愛和滋養的關係。我不是說教養孩子的過程都不會有挑戰，而是因著這些掙扎，我們會變得更有情感，更善於表達。

我們一定要很小心，不要讓我們所耗費的精力和體驗到的沮喪，使我們變成負面和滿腹怒氣的父母。生命有時會艱難到無法承擔，我們可能在不知不覺中為自己的問題煩擾不堪，我們對待孩子的方式可能會導致他們覺得自己只是另一個沉重的負擔罷了。

讓我們面對現實吧！孩子愈大，和他們好好相處就愈困難，我們甚至得承認：即使我們是真心誠意地愛著孩子，但是要非常「**喜歡**」他們，卻是非常困難的。

如果你常在這些感受當中掙扎，別忘了有很多父母和你一樣。要愛我們的孩子，我們得學著去倚靠耶穌和我們的天父，神愛的源頭和榜樣，神會教導我們去愛孩子，如同神愛我們一樣。

但是我們要如何去愛孩子呢？

每一個孩子都愛

每個孩子都是很特別的，我們只要偏心，就一定會自作自受，看看以撒和利百加（創世記25:28）和雅各（創世記37:4）的家庭，就知道偏心會帶來可怕的災難。每個孩子都該感覺自己在父母的心中有獨一無二的地位。誠然有些孩子比較讓人喜愛，比較好相處，但是我們要效法神完完全全、毫無條件的愛。

用你的時間和關注去愛

我們應該關注我們的孩子，不管他們的年紀多大多小，我們都要設身處地去了解他們的需求。我們可能因為生活瑣事而分心，以至於對他們的問題毫無知覺。有些孩子很需要你的注意力，有些孩子好像自己就過得好好的，我們不能讓前者完全占據了時間，而忽略了後者。

這需要時間。孩子會把我們分給他們的時間，視為最直接的愛的表達，如果我們無法挪出時間來與他們一起，他們就不會覺得被愛。如果我們發覺自己不斷說著：「現在不行，現在我很忙。」那我們就得重新檢視自己的態度和優先順序，如果現在不行，要以後才可以，那時或許就為時已晚了。

耶穌在忙碌的傳道生涯中，仍然給予小孩充足的愛和關注，這正是我們所該給孩子的。有一次，小孩子想要到耶穌面前，卻被門徒阻擋，耶穌非常生氣，公然責備那些誤導人的門徒，並且立刻停下祂手邊的事，和小孩花些時間好好相處：

「有人帶著小孩子來見耶穌，要耶穌摸他們，門徒便責備那些人。耶穌看見就惱怒，對門徒說：『讓小孩子到我這裡來，不要禁止他們；因為在神國的，正是這樣的人。』」（馬可福音10:13-14）

有了耶穌這個大忙人為例，我們還敢說自己太忙，而無法跟自己小孩花時間相處嗎？我們可以和孩子有多一點的時間一起像是去散步、一起玩或是一起讀書；也可以暫停手邊的事，抽出簡短的幾分鐘，給予孩子全心全意的關注。聰明一點，你可以帶著孩子外出辦些雜事，這樣一石二鳥呢。（除非我們所有的時間都在猛講手機！）

大多時候孩子所想要的，就是單獨和爸媽在一起的時間，任何形式都好，這樣的時間對孩子表達出「我愛你」，遠勝於其他方式。

用肢體接觸去愛

「『我實在告訴你們，凡要承受神國的，若不像小孩子，斷不能進去。』於是抱著小孩子，給他們按手，為他們祝福。」（馬可福音10:15-16）

我很確定耶穌也可以遠遠地給小孩祝福，祂可以坐在豪華房車上對他們微笑揮手。但是保持距離、冷淡無情不是耶穌的風格，祂的做法是親密而且充滿感情的。

我們都需要被碰觸，沒有什麼像人與人之間的碰觸一樣神奇。身體的接觸能表達出話語和動作無法表達出的，我們人蒙神所造時就植入情感交流的需要，若沒加以滿足，我們就會枯竭。你可以在福音書中注意到耶穌觸摸別人或被人觸摸的次數，碰觸是一種愛與親密的語言，它能打破屏障，表達出：「我愛你！我們之間緊緊相繫，你沒什麼好怕的。」

別讓我們的家庭變得冷漠疏離，這樣的家既無聊又冰冷，一點也不有趣，更令人窒息。這種氣氛中長大的孩子，容易變得刻薄易怒，容易叛逆、頑固、與父母很疏離，也容易在婚姻和性方面有問題。

有些人在較不親密的家庭中長大，也許當中的確有愛，但不常以直接和明顯的方式展現出來。如果你就是這種情況，你一定要了解神現在對我們有更好的計畫。在經文中不乏有肢體碰觸的榜樣和教導：父親抱著兒子的頸項連連親嘴（路加福音15:20），神命令我們要彼此親嘴問安（羅馬書16:16；哥林多前書16:20），保羅和以弗所教會的長老們道別時擁抱親嘴（使徒行傳20:37）。神要我們在教會還有自己的家中，都能豐富地表達我們的情感。

我記得剛來教會時，得到許多溫暖和擁抱，我不是來自一個常有肢體碰觸的家庭，這讓我非常吃驚，一開始我還覺得這些人一定有問題，但當我持續參加聚會，我才明白我對愛的看法太狹隘了，我開始改變，這也帶來了關係中美好的變化，特別是最親密的一些關係。

我常擁抱我的太太和孩子，我發現就算是已經脫離嬰兒期和學步期的孩子，仍然很需要被抱一抱、拍拍背、親親小臉蛋，這些動作彷彿在訴說：「我愛你。」

如果我們作父母的覺得自己在這方面有所不足，我們可以學習，可以成長，放下我們的驕傲、拘謹、恐懼和刻板，向孩子付出他們渴望的愛，努力成為一個容易親近的人，你的愛會成為生命這台巨大機器最棒的潤滑油。

用你的表情去愛

在這裡我指的是臉部表情、笑容、眼神和語調。孩子對這些是很敏銳的，嚴厲的話語和皺眉會讓孩子感受不好。常常對你的孩子微笑，這些好像是很容易的事，但你若花一個禮拜多注意自己：你有多常看著孩子的眼睛，並給予認同的微笑呢？

我的太太蕾兒在這方面非常有一套！她常用充滿喜樂的聲音、溫暖的笑容和閃閃發亮的眼睛表達她的愛，當我們跟別人交談，她是這麼投入，以至於別人都很難注意到我的存在，我常常得用一種奇怪的角度傾向她，別人才能注意得到我！

我終於明白應該不是因為蕾兒太美（她是真的很美啦！）或是我太醜（不予置評！），而是因為她充滿關懷的笑臉。她的聲音幾乎像快樂的歌，就算我的笑話很冷，她也常常笑得很開心；她散發出的溫暖、喜樂和活潑都照亮了這個家，並使我們充滿活力，即使困難的日子也會變得開心。當家中彌漫這種氣氛，孩子就會感到被愛，也會喜歡待在這樣的家裡。

用你的言語去愛

大緯二歲時，開始會跑來跟我說：「爸爸，我也很愛你。」我很開心，但也很疑惑：我才三十歲就得了健忘症嗎？我剛剛有跟兒子說「我愛你」嗎？怎麼過五秒鐘我就忘記了？

後來我才想到，因為一直以來，都是我先說「我愛你」，所以他表達「我愛你」都是用回應的方式。

你明白了嗎？當我們對孩子說「我愛你」，就是在教他們去愛。孩子一出生就像張白紙，他們有愛的能力，但是必須藉著我們的榜樣，還有當我們說出「我愛你」時，才能學會。

說「我愛你」的次數永遠不嫌多，孩子需要從父親和母親的口中，常常聽到真摯的「我愛你」，我們也要告訴他們有什麼可愛之處和獨特的地方，在一些特定的時間表達愛，像是睡前、上學前、放學後，或是當你感到他們被傷害或恐懼時。童年最珍貴的回憶是什麼呢？不是昂貴的禮物或經驗，而是一些既開心又親密的「小小時光」！

3. 教導他們彼此相愛

當孩子被愛，他們就會去愛別人；被愛包圍的孩子，也該被教導去付出愛。如果我們不教孩子去愛，他們會變得自私、冷漠又自大。神愛我們，但祂也命令我們要愛祂，並且要愛人如己。

為人父母的，我們要效法神的愛，期望孩子要愛我們、愛兄弟姊妹、愛家人以外的人，但是愛並不是個自然反應，它是個刻意的決定，以回應父母的期望和教導。

我們應該常常和孩子談論如何去愛和關懷別人，也要鼓勵和讚賞他們這樣做。當有人向他們說話時，教導孩子要有回應，要表達愛；如果有人向他們打招呼，他們卻置之不理或是不在乎地聳聳肩，那是非常不禮貌的；教導他們說話時，眼睛要注視著別人。

孩子也要學習幫助別人，他們能做的比我們想像得多太多了。有時候，一些最盡責、最呵護孩子的父母，對孩子的期望反而最低，我們像奴僕般伺候他們，幫他們做好一切，一點兒也不指望他們的付出，這樣反而會教出以自我為中心的孩子。

教導孩子對別人要敏銳、要付出，願意配合，家庭是最適合的地方了，我們要教導排行大的照顧小的，小的尊敬大的。

我們在這方面可是認真努力了很久，我們制定「僕人週」，讓每一個人都「努力比別人更付出」，我們利用貼紙和記錄表，來建立開心、樂於助人的習慣。我們向孩子們強調，我們對待別人的方式，其實正是我們對待耶穌的方式（馬太福音25:34-40）。

孩子一定要明白：整個家就是神用來服事和影響人的媒介，家中有著充滿愛心又順服的孩子，就像是讓神用來照亮這個黑暗世界最閃亮的明燈。鼓勵你的孩子邀請朋友、老師或認識的人去教會，陪他們一同為特定的人禱告，希望他們能尋求神；讓他們體會神的大能會透過他們的生命和禱告而動工，讓他們在年紀很小的時候，就能成為「有愛心的人」，樂意幫助窮苦、有需要的人，並且幫助別人來認識耶穌。

我的大兒子大緯，原本是個害羞、畏縮的孩子，他似乎不太需要別人，總是縮回他自己的小小世界中。我和蕾兒認為這樣的行為需要改變，因此我們很努力地教他要對人友善、要關心別人、和人有連結；當別人和他講話時，我們鼓勵他要看著別人的眼睛，並且微笑著說「你好」。

在家人和好友中，我們給他許多的疼愛，教導他要更溫暖、多表達，也不斷重複聖經的信念如「你們白白地得來，也要白白地捨去」、「你們要給人，就必有給你們的」，我們很正面、很堅定、持續地去做，不讓他覺得害羞扭捏。我們深信他一定會成為一個樂於付出、溫暖和友善的孩子，而且是有他個人特色的！

結果真的令我們深感激勵！漸漸地，大緯成了一個有自信、外向的年輕人，非常容易相處並對別人有同理心。他仍然保有他的敏感、細心，但是學習將這特質用在關心他人，而不是只用在自己身上。

大緯原本可能成為一個內向、不善社交的人，而埋沒了他的潛能，但在領受愛並被教導愛人之後，他成了一個樂於付出又有自信的年輕人。

第二要素：尊重

「『要孝敬父母，使你得福，在世長壽。』這是第一條帶應許的誡命。」（以弗所書6:2-3）

「尊重權柄」，在孩子的生命中是非常重要的一件事。有些孩子傲慢無禮的態度實在嚇人，他們既不尊重神，也不尊重父母、老師、其他的大人和褓姆，甚至其他小孩，這是現今社會上極具毀滅性的趨勢，我們在教會中要對抗這個不好的趨勢。如果我們在教會或是自己家裡看見這個問題而不正視對抗，我們會把孩子輸給這個世界，這可是很恐怖的損失。

許多人對自己孩子自大又不尊重別人的事實視若無睹，我很驚訝許多父母放任這樣的態度和行為，我所講的不只是外面的父母而是基督徒——原本該更懂得這個道理的基督徒。

也許有人覺得孩子這樣很可愛，或覺得「所有的孩子不都是這樣」，我很擔心有些人一心想要把孩子栽培成自信、堅強的領導風範，卻養成他們優越又自負自大的態度，我們終將自食這愚昧的惡果。

自信未必會讓人驕傲，神痛恨並阻擋驕傲的人，無論是任何年紀、任何程度，驕傲都必須好好加以對付。[1]

註1：這段話是我在一九九四年寫的。十幾年過去了，教會確實經歷了一番嚴重的大失血，許多年輕門徒隨從世界去了，當然這沒有單一的原因，但是據我們觀察，一個對神沒有敬畏和尊重的世代，的確是背後的主因。

怎樣察覺我們的孩子不懂得尊重呢？年紀小的，他會頂嘴、公然抗命、發脾氣、用力跺腳，甚至會打你；年紀較大的，除了以上各項，他還會摔門、不服氣的眼神、嘀咕抱怨，還有其他各式各樣的反應，我相信你們還能補充更多。

我們身為父母的尊嚴和權柄是神所賜予的，並非因為我們很完美，而是神以祂的智慧如此設計。所以孩子尊重我們，就是尊重神和祂的計畫；當孩子尊重我們的權柄，他們也學會尊重神。有一天，當他們夠大了，也會給予神最高的尊重，就是把自己的生命交託給祂。因此，父母們，一定要緊握你的權柄，期望自己被尊重，如果你不要求，當然得不到尊重。

有時我們在教養孩子上缺乏信心，感到罪惡感和不足，變得躊躇猶豫，我們對孩子只是建議、懇求、爭論、哄騙和賄賂。孩子們會感受到我們的自我懷疑，變得愈來愈叛逆，也會變得更有不安全感，因為他們內心深處真正需要的，是因著明白自己的限制而生出的信心。

他們希望我們在周圍架立一道護欄，告訴他們可以界線到哪裡。我們需要架起這護欄，讓他們知道界線在哪裡，他們會不斷試圖衝破它，看看是不是真的，就讓他們試幾次，很快就會知道這柵欄是不可移動的，但在柵欄內他們是完全自由和安全的，這時候你就會贏得他們的尊重了。

第三要素：服從

服從父母會讓孩子生出屬神的個性，這需要從很小的時候開始教導，就能立下良好基礎，將來孩子可以服從生命中的其他權柄，最終引導他們順服神。

孩子如果從小對父母就叛逆、公然違抗、不服從，將來對於其他權柄像是：老師、褓姆、祖父母、老闆、教會領袖，甚至執法人員，都會表現出相同的態度和行為，最終，他們會開始違抗神。

通常孩子十八個月大時，雖然還無法用言語溝通，但已經可以聽懂別人說的話，這時候可以開始訓練他「過來這裡」或「不準碰」等等，這不是可以故意跑開或是故意去碰的遊戲，當我們下達命令，就是代表神的權柄，必須有耐心、堅定地要求他們服從。

愈早教導孩子順服愈好，等他們長大後，不順服的壞習慣已經根深蒂固，不容易教導了。我們有些人曾深受不受管束、不順服的苦果，不要讓孩子再走這些冤枉路，趁他們還小的時候就教他們順服吧！

順服是一個很重要的課題，所以我們會在下一章詳加討論。

第四要素：誠實

「你們必曉得真理，真理必叫你們得以自由。」（約翰福音8:32）

「並且在那沉淪的人身上行各樣出於不義的詭詐；因他們不領受愛真理的心，使他們得救。」（帖撒羅尼迦後書2:10）

為了跟神建立關係，我們必須愛真理、接受真理、活出真理，並且說實話。因為愛真理，所以接受真理，這是建立品格的第一步，也是最重要的一步。對自己也對別人說實話，讓我們享有自由，並且擁有真摯的關係。

父母們，我們必須教導孩子接受、喜愛並說出真相，如果他們從小就學習接受真理，將來長大後，就能夠面對自己的罪，加以悔改，然後被拯救。如果他們無論如何總是告訴我們實話，那麼我們就是在幫助他們建立以公義為基礎的生命。

撒但是個大騙子，也是所有說謊之人的父（約翰福音8:44）。當孩子說謊，就是離摧毀自己生命又跨近了一步。我們對此要有很深的信念，否則我們不會認真看待這件事，反而會覺得那只是幼稚與不成熟的表現（我指的是故意的欺騙，不是天真無害的幻想）。孩子第一次說謊，我們就要迅速並強而有力的處理它。

如果這樣做，我們就不用一直跟孩子奮戰，一直要他說實話，也不用一直猜想孩子有沒有全盤托出。如果我們無法信任孩子，一定要盡全力去解決這個嚴重的問題。

我們大約是在每個孩子三歲時，開始面對説謊的問題，不知道為什麼，但差不多都在這個時間，他們撒了他們生平的第一個謊。

有一天，幾個大學生來家中玩，我們坐在前院，其中一個人過來説：「莉莉在亂畫門前的階梯，我問她，她説是你讓她這樣做。」我跑去一看，果然她正在亂畫門前的階梯。

「莉莉，妳在做什麼？」她看看我，又看看那個大學生，立刻潸然淚下，我蹲下來看著她的眼睛説：「妳是不是説謊，説是我讓妳這樣做的？」

她哭著説「是……！」

我告訴她亂畫是不好的，但説謊更糟糕，她能從我的反應知道這是非常嚴重的事。我不記得給她什麼樣的處罰，但一定很嚴厲，她牢記在心，學到了這重要的一課。

而我們的兒子大緯就有點兒不同，從三歲起，當我們問他事情時，他就會開始「不記得了」。某種程度而言，他是對的，他（到現在都還是）很容易關在自己的世界，所以除非我們在他眼球上裝個監視器，否則他什麼都聽不見。但是我們發現當他惹麻煩之後，「我不記得了」、「我不太確定耶」之類的藉口愈來愈多，其中以「神奇坐墊」案件為最高峰。

有一天，大緯在客廳玩，他把所有的坐墊從沙發拉到地上去，我走進去告訴他，媽媽不希望坐墊掉到地上，所以我們一起把坐墊歸位。之後大緯繼續留在客廳，我去別的地方忙，結果幾分鐘之後，我走近空蕩蕩的客廳裡，地上滿滿地都是坐墊。

我把大緯叫來問是不是他做的，他用充滿疑惑的表情回我：「我不記得了！我不知道耶！」我問了其他人，確定這幾分鐘內，沒有別人到過客廳，一定是大緯！當時只有他在。

儘管如此，他還是不記得！

部分原因是害怕，部分原因是不在乎自己的行為，部分是心理障礙，還有一部分是自我保護，但我感覺是他該恢復記憶的時候到了。我知道我不能退縮，該是時候幫助他想起來了，大緯在心理上如此地自我封閉，我想他真的有記憶力方面的障礙。

我向他解釋他是唯一可能做這件事的人，除非這些是迪士尼的「神奇坐墊」，會自己從沙發上跳起來。我決定他不准家人一起吃飯，除非他「想起來」發生什麼事，他需要時間回想，他得回到自己的房間搜尋一下他的託憶庫。

這是他必須學習的功課，否則他就會隨自己方便，想忘記就忘記，以達成自己的目標。他花了一點時間，就來跟我說：「爸爸，我想起來了！是我把坐墊弄到地上的，對不起！」他很真誠地表達，他盡全力做到了他所能做的。

我接受了他的道歉，從此大緯的記憶力突飛猛進！他學會了對自己坦誠、面對真相，當他面對不舒服的對質時，不會再因為驚嚇過度而封閉自己。

我說這些不是要讓我自己的孩子丟臉，而是想表達，尋求真相一定要站穩立場；也讓你明白，孩子們試著隱瞞真相的許多不同伎倆。

接受真理、活出真理，並且說實話，是你必須要教導孩子、活出好榜樣，並堅定地期待孩子做到的。孩子還有很多其他不誠實的形式，請不要太天真，學著找出它們來！用孩子能理解的方式善加處理，就會發現你可以將誠實建立在孩子最深處的個性裡。仔細想想箴言所說的：

「口吐真言，永遠堅立；舌說謊話，只存片時。」（12:19）

你會發現你需要不斷複習這一章，特別要熟讀引用的經文，跟你的配偶討論出你們自己的信念和做法。用愛心及耐心來打造讓你的家庭能終生倚靠的地基，如果你倚靠神，不放棄，用愛心、順服、尊重和誠實來建造你的家，那麼你一定會看見你的孩子大大蒙福。

06 贏得孩子的順服

「管教你的兒子，他就使你得安息，也必使你心裡喜樂。」（箴言29:17）

我們現在要進入教養孩子的具體細節了，我們要如何使孩子快速又開心地服從呢？我們要怎樣訓練孩子、幫助他們建立起良好的個性和行為習慣，讓他們長大成為我們的喜樂呢？

孩子從一開始就需要學習順服，我們的目的是要讓順服變成他們生命中的好習慣，而不是每天讓彼此痛苦不堪的戰爭。當順服變成一種習慣以後，我們就會有幸福的家庭。一般人擔心這樣難免會引起家裡的爭吵、大呼小叫和緊張氣氛，其實這些根本都不會發生。當父母使用神所呼召我們行使的權柄時，家庭會有秩序，而不是亂成一團，但我們一定要相信事情應該是這樣，也可以是這樣，不然這絕對不會在我們的家庭中實現。

我們家教導順服的第一條規定就是「第一時間服從」。孩子知道當我們要求他們去做某件事時，他們立刻就要去做。我們不認為要一直重複叨念，除非我們採取行動，孩子們很早就知道能拖多就就拖多久。

身為父母，我們很容易落入一個可怕的陷阱，就是我們得一直對孩子重複某件事，愈講愈大聲，愈講愈不耐煩，直到他們真的聽進去。這不是真的順服，反而會變成破壞家庭氣氛的嘮叨和爭辯。如果再這樣過下去，我們會發現自己累個半死又灰心喪志，甚至開始討厭和怨恨自己的孩子。

我們不是只憑空想像就能建立起「第一時間的服從」，我們會在家庭敬拜的時間教導，並在接下來的談話中不斷加強這個原則。當有人忘了在第一時間服從時，我們會用有趣的方式提醒每一個人，爸媽會說：「我們什麼時候要服從呀？」孩子們則齊聲回答說：「第一時間呀！」

我了解對你們某些人而言，這個原則聽起來太不切實際，也太不合情理了，簡直比登天還難。曾經有一個父親對我說，要叫他那無法無天的三歲兒子在第一時間服從，根本就是不可能的任務；他接著說，就算是神也預期到身為祂兒女的我們，三不五時就會叛逆。

我同意，沒人該自欺欺人地認為每次都可以讓孩子立即服從，而且我們自己也沒有每次都乖乖地立刻順服我們天上的父親。我們只是要告訴你：「你怎麼期望，事情就怎麼演變。」如果你預期孩子就是對你不理不睬，那他們就會這樣。如果你覺得一定得用威脅利誘的方式才達得到目的，那你就只能這樣做。除非你真的設定這種高期望，不然立即的服從也不過是曇花一現。但是好消息是，只要你期望孩子迅速且尊敬地服從，你的孩子真的能做到。

不然你倒是說說看，你希望孩子在什麼時間點服從呢？第四次、第三次、第十次？還是你也希望他們第一時間就服從？我們都知道答案是什麼，現在就開始體驗第一時間的服從，讓我們對自己的孩子（還有神的話語）多點信心，相信他們真的可以做得更好，甚至比我們自己過去好多了，也可以比其他家庭好得更多！

如果你長久以來都習慣放縱孩子，那你需要有堅定的決心、信心和耐心才能改變這個模式。孩子愈大，你就得愈加把勁。當你堅持這樣做時，一開始狀況可能不但沒有好轉，反而比以前更糟，但是父母雙方都要非常堅定地相信這是可行的，且是正確的。但你大可放心，接下來的改變絕對值回票價！只要順服的模式建立起來，你會很驚訝地發現家裡氣氛反而變得更加輕鬆愉快、耳目一新。

我在當足球教練時的一個經驗讓我深深體會到這個原則。我們隊上有一個九歲的男孩傑維爾（不是他本名），他老是和父母親爭辯和頂嘴。每次我們練習前後，都會看到他對父母親亂發脾氣、大吼大叫，而他們總是很溫和地回應他。

有一次他也試著這樣對我，我微笑並沉著地對他說：「傑維爾，如果你想繼續留在足球隊，我們期望你乖乖照著我們的要求做，不要吵鬧也不要爭辯。」

他愣愣地看了我一會，就乖乖聽話了，之後他再也沒有發生過類似狀況，他的態度一直非常好。他的父親在球季結束後跑來問我：「教練，你是怎麼讓傑維爾好好聽話的？他在球隊中是這麼乖巧順服，但對我們可不是。」

我對他說：「羅伯多，我們從來沒有想過他會不做我們要求他做的事。」他父親訝異地看著我，好像我在說非洲土語，他就是不敢相信他的孩子可以有所不同，這正是問題所在。

我們教導順服的第二條就是「父母親絕對不能輸」。為了要成為有影響力的父母，蕾兒和我很早就下定決心在訓練孩子順服的大戰之中，我們一場都不能輸掉。如果你讓孩子贏了一場，其實是激勵他們不斷向你挑戰。當我們發現我們的期望不合理或是判斷錯誤時，我們的確應該改變我們的想法和期望，但是這可以事後再跟孩子解釋，不然會造成他們的困惑。在我們覺得適當的時候，該道歉就道歉，但是我們絕對不能放棄或是讓步，不能輸掉這場意志力的拔河。

有時候跟孩子之間的權力爭奪大戰，其實就在某一場戰役中會大逆轉，一場壯烈的「關鍵戰役」。我們家的這場戰役發生在大緯兩歲的時候。

我們要去探訪我的母親，車程大約兩個半小時，大緯牢牢地坐在後座的汽車安全座椅，他已經吃飽了，我們剛為他換了尿布，而且有一大堆玩具給他玩，美好的旅程就要出發了。

但是他卻不這麼想，他想要到前座來坐在他媽媽的大腿上。他開始哭鬧，蕾兒再仔細地檢查一遍，確定他沒有任何不舒服。一切都沒問題，他只是不喜歡這樣安排座位。

他愈哭愈大聲，我們設法讓他安靜下來且不停地唱歌，給他好吃、好玩的，但這些都不管用。很顯然只有一件事可以讓這位年輕小伙子滿意：就是到前座坐在他媽媽的大腿上。

有兩個很好的理由讓我堅持自己的立場：⑴讓兒童坐到前座是不安全的（我事後想想，那時還沒有規定小孩只能坐後座），還有⑵這已經變成了一場原則之爭。

我們倆不再向後座看，專心開著車。大緯足足哭了兩個小時，這可不是一趟愉快的旅程。最後，離我母親家二十分鐘前，他終於哭得筋疲力盡睡著了。我們贏了。

可能有人會問說：「為什麼不讓他媽媽到後座陪他就好了？」我的回答是：「這樣做就是向他妥協了，之後會引起更多的妥協，接著我們家坐車的方式就會整個改變。」

還可能有人問：「那為什麼不處罰他，讓事情快點結束？」

我的回答：「我將之視為一場意志力的戰爭，這場仗遲早都要打的，我需要耗盡他的意志力，而不是處罰他。」

事後證明我們當初的確做對了，之後大緯再也沒有跟我們爭吵過汽車座椅的事，他已經學乖了，知道沒辦法讓我們屈服。

向孩子妥協是一般父母最容易犯的致命傷。這就像你們的話根本毫無輕重，你告訴孩子去做某件事，然後他們就開始跟你爭辯或是乾脆當成耳邊風。一般人認為這很「正常」，但是除非你放任不管，這才會變成「正常」狀況。

當我們因為自己的軟弱而放任孩子的時候，我們就在他們心裡種下叛逆和惱怒的種子（以弗所書6:4）。如果我們現在不將情勢扭轉過來，他們長大後反而會遭受生命、法律和神更嚴厲的管教。

如果你們家已經是這樣了，和你的孩子坐下來好好聊一聊，讓他們知道接下來會有所改變。把聖經拿出來，把有關順服的經文唸給他們聽，讓他們知道神把教養他們的責任交給父母，而他們的責任就是服從。

跟他們談談「第一時間服從」，向他們好好解釋，雖然你們家過去不是這樣，但是接下來你們還有他們都會改變。盡你所能地幫助他們了解為什麼你要這樣做，還有你會怎麼做，你的家庭會因此更加快樂，得神的喜悅。

一起做個禱告，並且從今以後好好改變。直到順服的好習慣在你們家永遠穩穩地生根建立之前，千萬不要放棄。

辨識不順服

要贏得這場戰爭，你得辨識出不順服的模式，讓我們來看看下列四種不順服的行為模式。

公然忤逆

就算是最懦弱、最好騙的父母，也可以一眼看出來這類型的不順服。孩子先是說「我不要」，通常還外加撇嘴跺腳，我們都會被這種無禮莽撞給驚嚇到，或許立刻就讓步，不然就慢慢地屈服。有時候我們會和他們爭辯（你曾經驚覺到自己居然和一個三歲小孩站著認真地面對面辯論嗎？）或者我們常常替他們找藉口：「爸爸媽媽知道你只是太累了。」

真正的事實是簡單的一句話：你被打敗了。你缺乏意志力，你是一個軟弱的父母，而你會為你的妥協付出代價，你的孩子會成為缺乏安全感、愛忤逆、被寵壞的搗蛋鬼。

我們的大女兒莉莉現在是個有自信、有主見、懂得尊重別人的年輕人。但她小時後可是非常頑固和傲慢，情況變得糟糕無比，有一次我居然在工商服務的黃頁上，徒勞無功地搜尋：「要驅魔嗎？我們有到府服務喔！」

莉莉向蕾兒發出戰帖，決定她才是這個家的「女頭目」。我經常一回家就會聽到莉莉被關在自己的房門內不斷吼叫，然後蕾兒不斷喃喃自語：「我會贏的，我會贏的。」最後她真的贏了！

為了要達到這個目標，我們倆下定決心要堅定不移地愛她，而且絕對不能讓她磨掉我們的鬥志。過了五年之後，莉莉個性穩定下來，成了我們的喜樂。

我們堅信如果她小時候就騎到我們頭上來，她現在就不會是這個樣子了。（莉莉現在已經是個成熟的媽媽，她也有個頑固的小女孩，她對此百分之百地認同。）

討好型的不順服

你有沒有在孩子違抗你時還會忍不住笑出來的？這個小小的操弄者會對我們微笑，耍一些有趣的花招，讓我們立時就心軟了。我們試著為自己辯護，無奈地重複著：「你這個狡猾的小可愛！」但是事實是，我們輸了！

如果我們現在讓孩子用微笑和笑容控制我們，以後我們一定會哭得慘兮兮。我們會製造出一個深諳利用自己的魅力來操弄別人，以便達到個人目的的孩子。

我們的小兒子佑恩就是個中好手，他的冷笑話可以讓每一個人都發噱。他會表演模仿秀，會說冷笑話，什麼花招都有。他很早就開始戴眼鏡，再配上寬寬的吊帶褲，簡直就是一個既可愛又無辜的「小教授」。

他大一點以後，當大緯和莉莉飯後很盡責地開始收拾餐桌時，他會發出滑稽的聲音，開始不斷講笑話。他搞笑了一陣子後，他們突然明白這是怎麼回事了：「佑恩，你什麼都沒做耶！」但是已經太遲了，所有的碗盤都洗乾淨了！

我們學會享受佑恩的搞笑天分，和他一起盡情歡笑，但是我們也需要教導他乖乖做好自己分內的事。我們現在可以滿意地宣布他的確學到要殷勤地工作。（但他同時間還是讓每個人都笑翻了！）

裝聾作啞型的不順服

有些孩子表現得好像父母根本就不存在，我們說的話好像耳邊風一樣。我們叫他們去做一件事，得到的回應是充耳不聞，不然就是沒有人聽得懂的咕噥，接下來沒有任何行動。我們提高音量再說一次，還是一點兒反應也沒有。我們甚至可以要到他們的書面同意書，但是什麼事也不會發生。這也是一種不順服，消極型的不順服，這種類型可能不容易被偵測到，卻是十分嚴重的問題。

除非你改變它，這種模式會持續下去。你的孩子會變得懶散，做每件事都拖拖拉拉。他們也知道反正你遲早會放棄，若不是忘記了，不然就是乾脆自己做比較快。如果你讓情況這樣繼續下去，最後你會被他耗到沒力，而孩子的性格也逐漸墮落。

我們的大兒子大緯正是這方面的高手，我們甚至帶他去檢查耳朵有沒有問題，檢查了好多次，都檢查不出問題。我終於開始懷疑這不是聽力問題，而是態度問題，所以我就開始了一連串的實驗來驗證我的猜測。有天下午大緯出去騎他的三輪車，我要他進來吃晚餐，他好像沒聽見，所以我再叫大聲一點，還是像石沉大海一般。我走到路邊再叫一次，他連頭也沒動一下。最後，我跳到他的前面，向前抓住車子的手把，大聲說：「大緯，回家吃飯，就是現在！」非得這樣才有辦法讓他注意到。

隔天我又試了一次：一樣的情況，一樣的三輪車，一樣的時間。我站在離他很遠的距離，故意壓低聲音跟蕾兒說：「我們何不帶孩子們去吃個冰淇淋？」

隆隆隆！塵土飛揚，碎石飛濺，大緯瞬間就停在我的跟前，輪胎還冒著煙呢！他的眼神閃耀著興奮的期待：「冰淇淋？我們要去吃冰淇淋嗎？」從那一刻開始我就知道，大緯的聽力可好得很，只是他會挑想聽的聽。我們認真地和他面對這個問題，教他聽話，之後狀況就大大改善了。

如果你的孩子不聽你的話，你一定要知道這可不是開玩笑的。我建議你好好地研讀箴言，加深你自己的信念，然後和你的孩子坐下來好好聊聊，一起研讀這些經文，教導他們要用心聽你的話，恭敬地服從你。

發牢騷型的不順服

這類型的不順服是孩子能使出最讓人生氣、最有效對抗權柄的招數，所有的孩子或多或少都會這一招，有些孩子厲害到可以一招斃命。我指的是那種淚汪汪、慘兮兮、「全世界就我最可憐」的攻勢，讓父母親覺得突如其來一陣強烈的罪惡感、憤怒和沮喪。這些孩子不會百分之百地拒絕服從，但是一會兒唉聲嘆氣，一會兒又滿腹牢騷。我們要不就真的開始相信自己是全世界最刻薄又壞心眼的督工，要不就被他們的嘀咕折騰到棄械投降。

我們常認不清這種行為其實是一種很嚴重的不順服。我們會輕易地放棄：「孩子都是這樣的嘛！」因為似乎所有的孩子都是這樣。就算伴隨著不斷的抱怨，甚至怨恨的心情，我們覺得這種不甘不願的順服就算很好了。如果你是這樣，代表你接受對的事可以用錯誤的態度去完成，你得知道，這樣的態度會使你的孩子變成一個不快樂又自哀自憐的人。

神在經文中明確地譴責抱怨和發牢騷的行為：

「凡所行的，都不要發怨言，起爭論，使你們無可指摘，誠實無偽，在這彎曲悖謬的世代作神無瑕疵的兒女。你們顯在這世代中，好像明光照耀，將生命的道表明出來，叫我在基督的日子好誇我沒有空跑，也沒有徒勞。」（腓立比書2:14-16）

神不接受我們發牢騷及充滿怨恨的服從，即使很難做到，祂還是要我們樂意且忠誠地接受祂的旨意。如果神是這樣要求祂的孩子，我們也應該這樣要求我們的孩子。

我們的社會上普遍瀰漫著抱怨的氣氛，發牢騷是每個人飯後的消遣活動。我們接受這個事實，即使這樣讓自己的日子一點也不開心；即使神明明禁止如此，我們還是勉強忍耐。我想起了另一群被寵壞、愛抱怨的孩子——以色列子民：

「他們中間的閒雜人大起貪慾的心；以色列人又哭號說：『誰給我們肉吃呢？我們記得，在埃及的時候不花錢就吃魚，也記得有黃瓜、西瓜、韭菜、蔥、蒜。現在我們的心血枯竭了，除這嗎哪以外，在我們眼前並沒有別的東西。』……摩西聽見百姓各在各家的帳棚門口哭號。耶和

華的怒氣便大發作，摩西就不喜悅。」（民數記 11:4-6、10）

我們從這段經文體會到，當我們在抱怨一些讓我們很煩擾的事情時，其實我們是在抱怨神。摩西明確地指出這點：「我們算甚麼，你們的怨言不是向我們發的，乃是向耶和華發的。」（出埃及記 16:8）當以色列人抱怨的時候神滿足了他們的需求，但同時也懲罰了他們這樣的態度（民數記 11: 33）。

身為父母，我們必須明白一個愛抱怨和哭鬧的靈魂會觸動神的怒氣，這是自私自利和不知感恩所產生的。神想知道祂子民的需求，而且也不會介意他們多多表達；祂不接受的是抱怨的態度，而我們也不應該接受。我們要教導孩子珍惜他們所擁有的一切，而不是覺得我們和整個世界都該滿足他個人的享樂和喜好。

沒錯，孩子還小還不成熟，我們不該用成人的標準來要求他們。但是我們可以想想，如果繼續這樣放任下去，他們十年後會變成什麼樣子。如果你現在不好好教他們，將來他們就會變成滿腹牢騷、只會抱怨的成人。

我們當中有些人成長的家庭裡，不允許孩子表達自己的感受和想法，這會使孩子的心理變得既不健全又愛生氣。我們不能限制孩子只能閉著嘴生悶氣，我們可以教他們用正確的方式表達自己的感受，並且是在恰當的時機，用正確的態度來表達。我們的目的，是要培養開放的家庭氣氛，讓孩子可以自由地表達自己，來杜絕抱怨和吵鬧的態度。我們可以教導孩子表達他們的期望、意見和喜好，但是要用溫和喜悅、正面的口吻。

在我們這個六口之家，充滿了大大小小的互相遷就和彼此容讓，像是晚餐要吃什麼、誰要坐在哪裡、或是要去哪裡玩等等。我們教孩子學習表達自己的期望和意見，而非抱怨和爭鬧，並且用正面的態度接受最後的決定。我們教他們用適當的口吻重複一次該說的話，直到他們做到為止。這需要很大的決心，但若能將正面的精神建立在孩子的心裡，再辛苦也是值得的。

管教的力量

孩子不服從時我們該怎麼辦？我們要怎麼回應？我們可以做哪些事？接下來我們提供七個建議，但請記得，其中一個方法在某種情況下有效，並不代表在另一種情況也會有效；而對某個孩子有效的方式，對另一個孩子可能完全無效。運用你的智慧不斷嘗試改進，以達到最佳的效果。

口頭糾正或譴責

這是最簡單又最常用的管教方式，這會用到一些最基本的指示：「過來這裡」、「不是那邊，是這邊」、「不要那樣做」、「不要這樣說」。

警告一次

如果孩子不聽你的話，給他們一次口頭的警告，如果他們還是不聽，就要懲罰了。你要很清楚地向孩子解釋這個規則，並且常常強調。一旦說清楚了，就要貫徹執行。

立即糾正

愈快糾正孩子的錯誤，效果就愈好。如果你等了半天才管，孩子也不記得自己到底錯在哪，不然就是一直跟你狡辯。延遲懲罰也會使家庭氣氛充滿緊張和恐懼。

暫時的隔離

這個方法對那些愛跟大夥湊在一起的孩子特別有效，罰他們待在一個角落，或是一個空空（無聊）的房間，也可以是他們自己的房間。這可以防止他們惡劣的態度破壞其他人的好興致，絕對不要讓一個孩子用抱怨和吵鬧拖垮整個家庭的氣氛。這其實是他們想控制父母的一種手段，因為父母不希望破壞大家的興致，只好讓他們隨心所欲。

千萬別讓步，要用智慧面對他們，隔離他們並跟他們說：「我們大家都要在這裡一起享受快樂的時光，等你改變你的態度以後，就可以出來跟我們一起玩。」

他們會在那兒不停地吵鬧和抗議，直到他們想通說：「好像沒有人會覺得我不在很可惜，其實好像只有我一個人在發飆，我想我還是改變自己的態度吧。」不過要記得，除非他們的想法完全改變了，不然不能放他們出來。

暫時剝奪他們的權利或東西

另一種更強烈的方式是剝奪孩子一個特別的東西或是權利。我們發現針對比較嚴重的犯錯，這個方法非常有效。這在任何年齡都可以實施，而且孩子愈大愈吃這套。想想孩子有哪些心愛的東西，或是喜歡做什麼，花些時間和你的配偶聊聊，討論剝奪他們一個特別的物品或是活動，可以有效對付他們不良行為。

大緯兩歲大時超愛他的三輪車，我不記得當時他犯了什麼滔天大罪，但是我們告訴他：「你兩天都不能騎你的三輪車。」沒多久之後我們居然看到他完全不顧我們的處罰，雙腳不動地坐在車上，假裝自己正在騎車兜風，一副很享受的樣子。我們就跟他說：「你也不能坐在上面。」

接著我們又發現他站在車旁，握著手把，仍然是一副陶醉不已的樣子。我們更強硬地說：「大緯，你連碰都不准碰。」終於成功了！他開始感覺到失落，他眼神恍惚地站在車庫中，追憶著他在三輪車上那些輝煌的時光，然後發誓說他再也不要犯一樣的錯誤了。這次懲罰的效果出奇地好，他整個幼年時期我們都不需要再用這麼極端的招數了。

莉莉三歲時，犯了一個很嚴重的錯誤，「兩天都不能吃餅乾，我的甜心。」

「那學校的果汁和點心時間怎麼辦？」她立刻抗議。

「連那個也不行，我們會和學校老師說，你可以吃芹菜和紅蘿蔔（這些食物真好吃），但是餅乾不行。」

事實證明這招對她非常有效，整整兩天她都記得很清楚她犯了什麼錯，還有這帶來怎樣的後果。在這個案例中，餅乾達到了最佳的效果。

只要用智慧和巧妙加以實施，你會發現這類型的處罰在青少年和中學時期特別有效，聚會活動、團體運動、手機、電玩、iPod、MP3、電腦、旅行，這些都是可以暫時被剝奪的，直到他們好好學到功課或是改變態度。

最重要的就是在你做任何裁決之前，一定要好好想清楚，取得另一半的協助。這類的處罰要明智地使用，盡量用在較嚴重的問題上，不要動不動就沒收東西，這樣會效果不彰，更會引發孩子們的怒氣。

不要在憤怒的情緒中冒然作決定。我們當中有多少人在和孩子對戰的氣頭上，作了很愚蠢的決定，像是「你接下來的六個月都被禁足了」，直到事後才後悔下手太重了，而且這根本無法實行，或是對整個家庭都造成傷害！

勞動服務

有些孩子只要可以隨心所欲，根本不在乎被糾正或被打，要對付這樣的孩子，可以給他們勞動服務。如果這和不順服有關，這招更有效。這種懲罰其實是一種賠償的形式，例如叫他們清理自己搞得一團糟的東西、把碗盤再洗一次、清洗車子、做家事來償還他故意或不小心摔破的東西，這些都可以幫助他們有更深的責任感。

責打

聖經如何論及責打？這樣做正確嗎？想想下面這段經文：

「不忍用杖打兒子的，是恨惡他；疼愛兒子的，隨時管教。」（箴言13:24）

「愚妄束縛孩童的心，管教的杖可以把愚妄遠遠驅除。」（箴言22:15，新譯本）

「管教孩童，不可姑息，你雖然用杖打他，他也不會死；你要用杖打他，就可以救他的靈魂免下陰間。」（箴言23:13-14，新譯本）

神的訊息很清楚，責打是正確且有效的，是神提出的健康的管教方式。當你用智慧和愛心來實施時，這非常有力量，在孩子的幼年時期，這種方式幾乎無法取代。

由於責打可能被濫用，且今日社會中存在太多對體罰是否合法的疑慮，讓責打的真義被廣泛大眾所嚴重誤解，且讓我說明一些關於責打的指導方針：

1.責打應該是一個重大的事件。我們應該將孩子帶到隱密的地方進行責打，不是我們一看到孩子做錯事，什麼都沒說就劈哩啪啦直接打下去。我們這樣的行為不只沒有效果，也是錯誤的。

2.打孩子之前向他們解釋為什麼要打他們。把孩子一把抓過來，責打時一團混亂，這時候想跟他們說清楚原因，或是責打後才解釋，不但不公平，而且一點兒好處也沒有。什麼都不解釋更糟糕，如果不說出來或是跟孩子解釋清楚為什麼被處罰，責打或是任何一種管教方式怎麼可能達到應有的效果？一個孩子應該在被打之前就了解他被責打的確切原因。

3.責打孩子之前你自己要先冷靜下來。若是我們的情緒過於激動或是在盛怒之中，一定要等到完全恢復自制力之後，才開始執行處罰。我們情緒高漲時，可能會說出或是做出非常不當的事。責打是公義公平的管教，不是我們報復孩子或是發洩怒氣的工具。對孩子大吼大叫、咒罵孩子、威嚇孩子都是罪。

4.用一個特定的扁棒或是扁平的東西當作「家法」。「家法」讓責打充滿公平審判的氣氛，而不會有人身攻擊的感覺。最好事前就決定好要用什麼，才不會在氣頭上隨便抓個有危險性的東西來打孩子。關於「家法」該用什麼有很多不同的說法，有人認為一定要用有彈性的「細鞭」，有人覺得這沒有一定（我和蕾兒是用一個小型的飯匙）。最基本的重點就是不論你用什麼，都要重到能達到處罰的效果，但又要輕到不會造成任何的肉體損傷。

不要用你的手當作家法，除非是孩子嬰幼兒時期，你可以用手輕輕地打手腕或是大腿來管教他們。對較大的孩子而言，用手一點也沒有效，而且人身攻擊的意味太強烈了。

5.打在「安全」的地方如屁股或大腿，這些地方打完會刺痛，但不會造成傷害。責打要扎扎實實的，讓他們痛到流淚，但是不能打到瘀青或紅腫。絕對絕對不能打孩子耳光，這既危險又羞辱；絕對不要打在任何可能造成受傷的部位；也絕對不能用拳頭揍或用腳踢孩子，不能推他們，不能把他們摔到牆上或是地上，這些是虐待，不是管教。抓著孩子的雙手或雙臂猛烈地搖晃也是既危險又不尊重的處罰方式。

6.責打一定要產生心靈的改變和痛悔，如果孩子不覺得懊悔難過，態度一點兒也沒有改變，我們只是徒然讓孩子充滿憤怒和怨恨。責打一定要執行得有技巧、有強度，才能幫助孩子改變態度。

7.把事情處理完全。幼小的孩子必須完全了解他們做錯什麼，並且認真地道歉，屆時我們可以給予全然的原諒。如果沒有這樣，我們等於讓孩子醞釀忿恨的叛逆情緒。當處罰完畢後，所有的心結都應該說清楚，親子關係也應該和好如初。

8.不要每次犯錯都責打。責打並不是對每個狀況和每個孩子都有效，有些孩子對責打根本一點也不在意，而有些孩子一被責打整個人就完全崩潰了，你可以採用其他比較有效的管教方式。當孩子進入小學後，責打的效果也會愈來愈減弱。

9.當孩子了解「不行」的意思後，就可以開始用責打來管教。大約滿十四個月以後，小寶寶開始了解我們的意思，這個時候，他們就會開始跟我們唱反調。一開始我們只需要堅定地告訴他們「不行」，也可以將他們或是造成問題的物體移開現場。但是這一天總會到來，那時候你就需要更清楚地告訴他「不行」，還得輕打他的手腕或是大腿。

結束管教這個議題之前，讓我提出三個非常重要的建議。

第一點，要前後一致。建立一些基本的規則和限制，並且持守到底。別讓一時的情緒或是倦怠動搖了你的標準，動不動就改變立場會讓孩子非常挫折。設立好「防護欄」，然後就不要隨便更動。執行管教時如果搖擺不定，會讓孩子既痛苦又沮喪。你會失去他們對你的尊敬，他們也會變得更加容易生氣和目中無人。

第二點，父母雙方在管教時絕對是同一國的。在孩子面前絕對不要彼此爭論，如果孩子看到你們兩個彼此對立，會產生你無法想像的大災難。他們會利用你與另一方作對，這可會危害到你們的婚姻生活。你們倆應該在事先就私下取得共識，然後作彼此的靠山。夫妻之間先把事情講清楚，取得合一的態度，如果有必要，向其他可信賴的人徵詢意見，先消除你們倆在管教上的歧見。另外如果你看到你的配偶已經被孩子逼到快要火山爆發了，耐心也快被磨到極限時，你可以介入幫忙管教。這是團隊合作的戰役，而我們需要彼此。

讀到這裡，你應該明白你必須當機立斷、採取行動，你的家庭必須要做出重大的改變。有些人的問題是你們的孩子現在已經大了，一時之間無法適應你強硬的管教，這就使我們提出了**第三點：做個明確周延的計畫**。我的建議是開個家庭會議，提出適合的經文，好好討論神對於教養孩子的計畫。

請記得用積極正面的方式來呈現和教導這個議題，不要只是拿聖經來威脅和糾正孩子，幫助孩子看到神對他們還有整個家庭的計畫是何等的慈愛。重溫一些即將要做的調整，一起禱告，然後開始執行。不要想一下子就解決每件事情，慎選你要打的仗，如果你變得吹毛求疵，或是想要一夜之間完成改革，你會把自己和孩子都逼瘋。從一些基本原則開始，然後逐漸進步就好。

說到管教這件事，許多父母容易陷入極端，不是用近乎虐待的嚴苛管教，就是全然放任。我建議你將這章詳讀幾次，並且用心研讀列出來的經文。對你的孩子而言，你需要明確了解你身為父母的責任，並且用明智和慈愛的態度，給予孩子他們極度需要的糾正和管教。

我和蕾兒在教養孩子成人的過程中，常常說我們好像在修四個博士學位，一個孩子就是一個學位，但是直到今天，我們的牆上還沒有任何一張畢業證書。這世上沒有任何一件事像教養孩子一樣，給你無數憂慮的失眠夜晚，讓你充滿自我懷疑，不斷納悶自己的決定是否正確。

好好研讀聖經，將你的心思意念告訴神，多學學別人家的好榜樣，多問問那些知道他們自己在做什麼的人，你會看到進展的。神是我們的父親，祂到現在這一刻都還在幫助**我們**繼續展長，祂知道這個工作有多麼辛苦，祂一定會幫助我們一次比一次做得更好。

07 神的訓練計畫

「教養孩童，使他走當行的道，就是到老他也不偏離。」（箴言22:6）

準則

準則和管教是很不同的，就本質而言，準則是先發制人的，管教是事後反應的。我們透過準則的訓練來**建造**，透過管教來**改造**，兩者不可或缺。如果你對孩子只有管教，沒有訓練，會讓孩子變得很負面和沮喪。另一方面，如果只有訓練卻缺乏管教，那是既愚蠢又無效的，太低估了人類的叛逆天性。身為父母，我們要在這兩方面都成為專家。

讓我們好好地檢視下面這段經文，它可以幫助我們更清楚地了解「訓練」一詞的觀念！

「以色列啊，你要聽！耶和華──我們神是獨一的主。你要盡心、盡性、盡力愛耶和華──你的神。我今日所吩咐你的話都要記在心上，也要殷勤教訓你的兒女。無論你坐在家裡，行在路上，躺下，起來，都要談論。也要繫在手上為記號，戴在額上為經文；又要寫在你房屋的門框上，並你的城門上。」（申命記6:4-9）

接下來讓我們逐節仔細地討論：

「我今日所吩咐你的話」（第6節）

聖經是所有訓練的根基。聖經是神的話，應該受到我們所有人的尊崇和愛慕，並全心相信。聖經提供有權柄的標準，超乎我們和孩子。從嬰兒時期就開始教導孩子聖經，是一件再棒不過的事了，有些人覺得這樣似乎不太好，其實恰恰相反。想想數以萬計的年輕人，在缺乏道德標準、沒有屬神道理的環境中長大成人，他們的生命留下了多麼可怕的傷痕！

我們和孩子們都應該覺得，能以聖經為家庭的準則，是一項無比珍貴的殊榮，絕對不是我們的損失。年輕時期的耶穌就在這樣的家庭中長大，保羅也這樣描述提摩太：「你是從小明白聖經。」（提摩太後書3:15）

「愛耶和華—你的神」（第5節）

訓練的動力來自於和又真又活的神之間相愛的關係（請見第一章），訓練著重的是合神心意的生命，而不只是為了達到標準而已。如果我們是用「你敢不照做就給我試試看」的心態教導孩子讀聖經，那就完全搞錯了。聖經不是用來讓我們爭取自己的權柄，也不是只有孩子做錯事、欠修理時才需要打開。聖經是讓我們用來不斷教導孩子，神是怎樣的一位神，還有祂對他們的生命有多麼完美的計畫。

「都要記在心上」（第6節）

只有心靈層面的訓練，才能將孩子引到神面前，也才能達到長遠的改變。將你的心力放在雕塑孩子的心靈，不要只注重表面行為的改變。我們自己的心也要對神全然委身，才可能幫助孩子。我們要不斷維持自己內心的清潔，才能深刻地將神的話傳遞給我們的孩子。神的話應該要「寫在他們心上……放在他們的裡面」（希伯來書10:16）。和孩子分享你自己的心，盡心盡力愛神，愛祂的話語，幫助你的孩子緊緊抓住神的話，放在心靈深處，這樣他們永遠都不會忘記。

「要殷勤教訓你的兒女」（第7節）

我們要用強烈的熱忱、信念和真誠來運用經文訓練孩子。如果你只是隨便唸唸幾段經文，讓大家討論些模糊的概念，那什麼也不會發生。孩子們知道什麼是你看重的，如果你真的想要他們牢記這些訓練，你得使出渾身解數。

「無論你坐在家裡，行在路上，躺下，起來，都要談論」（第7節）

無論任何場合、任何時間，持續不斷地訓練他們應該成為生活中很自然的一部分。訓練不是令人倒胃口的「老生常談」，不然孩子一聽完就立刻忘記了；訓練也不是一直對孩子嘮叨他們做不好的地方。訓練孩子應該是很美好的經驗，由我們自己親身示範，教導孩子們關於生命的真諦，這麼做才會實際可行，也才會有效果、充滿樂趣。有些人以為訓練就是坐在教室上課，或是心靈諮商，如果我們如此狹隘，訓練計畫永遠不會成功。事實上我們不可能用諮商課程的方式來養育孩子，我和蕾兒所有的教導，幾乎都在日常生活中自然而然地發生。

這樣的訓練計畫讓屬神的價值變得很真實，也是切實可行的。當我們想要成為屬靈的人並教導孩子認識神，如果只是落入口頭上的「屬靈唱高調」，他們會立刻拆毀你的屬靈假面具；如果你的訓練計畫只是按表操課，或是只在教會主日學，那一點兒都不夠。

我們絕不要低估了訓練的重要，我們得對孩子不斷重複同樣的道理，發明你專屬的口號，讓你可以在家裡不斷強調。別氣餒，他們真的會去學，就算有時候看起來全無跡象，孩子的本性就是這樣（我們自己也是），我們得不停地重複才會訓練成功，就像我常說的：「生命就是不斷重複你已經學過的功課。」

特定項目

我們要訓練孩子哪些項目呢？

品格

每個人都有自己的性格特質，從孩子很小的時候就要開始加強他們的優點，並改善他們的缺點。他們要盡早學著認識自己有哪些優點和缺點，教導他們要「洗淨杯盤的裡面」，不要徒有表面行為。

「兒童的品格是否良善，從他的行為可以看出。」（箴言20:11；現代中文譯本）

對神的信任和信仰

就算你的孩子在基督教家庭中長大，他還是要決定自己的信仰和信念。如果孩子開始懷疑聖經裡的神和神子耶穌，並且開始質疑他們在教會裡聽到的教導，先不要驚慌失措，也不要認為你失敗了，這是成長必經的過程。如果你反應過度，反而會妨礙孩子的信仰旅程，也會迫使孩子對你不坦白。他們在學習用自己的理智去愛神，而不是只有透過心靈和行為，欣然接受這個過程吧！你的角色是當他們還年幼時，分享你自己的信仰和信念；當他們長大時，幫助他們努力解決內心的疑惑。

態度

培養你的孩子擁有信心、樂觀正面、「可以嘗試」的積極精神。教導他們熱愛生命，抱持最好的希望，並且喜歡神所創造的自己。教導他們盼望神以大能做工，永遠都沒有理由灰心喪志。

價值觀

作人誠實、純潔的性觀念、遠離毒品等美德，都應該要教導孩子並好好解釋清楚。趁著孩子年幼時，就教導他們良好的價值觀，他們永遠都不會忘記，也永遠不會偏離。

人格和行為舉止

訓練孩子具備令人喜愛的人格特質，如果孩子有令人不悅或是冒犯的舉止，千萬不能姑息。有些人得面對現實，他們的孩子真的不太討人喜歡，他們的人格特質會得罪別人，如果你看到了，要妥善處理；如果有人告訴你，向你的孩子確認事實真相為何，然後採取行動。

別讓你的孩子長大成人後，因為怪異、粗魯和惱人的性格而被社會大眾排斥。有些孩子態度強勢，或是用奇言異行引起別人的注意；有些孩子自以為很幽默，其實讓大家都很困擾；有些孩子個性畏畏縮縮，是枯燥無趣的壁花。幫助他們面對這些事情，同時小心不要傷了他們的自信心。

教導你的孩子要有令人愉悅的神情，說話時要認真注視別人，並且時常保持正面和開心的精神，別讓他們成為負面又愛抱怨的掃興鬼！

在餐桌禮儀、衛生習慣、良好的禮貌和社交風度等各方面都要好好教導孩子。一個不懂得尊重別人、愛戲弄別人、恃強欺弱、喜歡破壞別人東西、欺負別人的蠻橫小霸王，父母親一定要好好糾正、好好管教，並且幫助他們改變。

工作觀和責任感

努力工作的態度和責任感是可以培養的，懶惰是很嚴重的缺點，會讓孩子永遠陷在一事無成的困境中。因此，你要不厭其煩地教導孩子關於努力工作的重要性。

我和蕾兒大量使用箴言來灌輸這個重要觀念：

「懶惰人因冬寒不肯耕種，到收割的時候，他必討飯而無所得。」（箴言20:4）

「懶惰人待在家裡，他怕甚麼呢？怕外面的獅子嗎？」（箴言26:13，現代中文譯本）

「懶惰的人賴在床上，輾轉不肯起來，就像門樞上的鉸鏈，轉動開關一樣。」（箴言26:14，當代聖經）

我們不厭其煩地教導孩子，他們應該要「熱愛努力工作」，沒有任何一件有價值的事可以不靠努力就白白獲得。

學校課業成績會與個性有關。如果你教導孩子努力工作，認真負責並盡其所能，那麼課業應該不會成為什麼了不起的大問題。他們是否竭盡所能、是否努力學習？如果他們做到了，那麼成績方面就順其自然吧！我們從來不在成績上大作文章，成績不該是我們的重點，重點是勤奮努力和追求卓越的態度。

要求你的孩子學習自律，上課要專心，並且全力以赴，然後你會為他們的努力而驕傲。如果沒有其他的問題，孩子的成績通常會很不錯，應該有中上的水準，因為班上其他人都不會那麼認真。

在家裡面給孩子合理的責任和工作。當孩子還小的時候就可以要求他們整理自己的床單，清理自己的房間和東西。家庭共通的家事像是預備餐桌用餐、掃地拖地、摺衣服和洗碗等，也應該公平地分配，只是要小心，不要讓那些比較勤勞的孩子幫別人做所有的事，也不要自己幫他們把每一件事都做得好好的！

我們家每個孩子都有各自的家庭勞務，而他們學會去喜愛這些勞動，他們逐漸學習享受飯後收拾的工作，將清理的時間變成他們的樂趣。訂下你訓練孩子的目標，這個目標是讓工作和家事成為一個習慣，而不是一場戰爭。為了達成這個目標，我們根據孩子的年齡、責任感和信心給他們適當的工作，這就帶出了我們接下來要討論的關鍵要素。

獎勵的觀念

還記得嗎？訓練是正面的、具建設性的、主動出擊的；訓練是用美好的價值將孩子裝得滿滿的，並且可以減少不斷的管教和糾正。你可以用獎勵的觀念建立起正面的特質，想鼓勵年幼的孩子，你可以做一個星星積分表，當他們有好行為時就給一顆星星作為獎勵，集滿十顆就可以得到一個獎品。我們發現對於那些本性愈積極、意志力愈強，或是個性愈拗的孩子，明確的目標和獎勵就愈重要。

莉莉很小的時候，蕾兒就發現這點了，她們倆總是不斷地為莉莉的態度搏鬥，蕾兒因此做了一個大表格，左邊寫上莉莉需要改變的言行舉止，右邊是長長的欄位，每一個需要改變的項目都加上「開心地」，像是「開心地穿衣服」、「開心地上床睡覺」、「開心地刷牙」等等。欄位的尾端是一個莉莉渴望已久的神奇午餐盒，只要集滿五十個星星，她就可以得到這個大獎了。（蕾兒很聰明，故意讓莉莉自己選擇要什麼獎品。）

莉莉的態度和舉止立刻有了一百八十度的大轉變，我們和她都因此很開心。經過了長久的努力，莉莉終於得意洋洋地帶著她嶄新的午餐盒去上學，而我們倆則是趕緊做出新的大表格。

這個觀念一直持續到孩子長大後還是很管用，我們發現即使莉莉已經長大成人，但是只要有明確的目標，她就會全力以赴。爸爸媽媽們，我們要讚美孩子們的好行為，並且用更多的自由和特權來獎勵他們，要確保你的訓練計畫成功，獎勵可能就是你最後的招數了：「你不可為惡所勝，反要以善勝惡。」（羅馬書12:21）

ജ്ജ

在神養育孩子的計畫中，訓練是無可取代的，訓練的重要性應該充分強調。爸爸媽媽們，我們可以不必每天都處於防守狀態，只能不斷糾正孩子的錯誤，說這個不對、那個不對；我們也不必整天擔心地擰著手，被怒氣和挫折感打敗。

我們可以主動出擊，我們可以花更多心力訓練孩子。要成為有建設性、有信心的父母，訓練絕對是你的關鍵答案，讓你逆轉情勢，我說的是持續孩子一生之久的大逆轉。

「你當買真理；就是智慧、訓誨，和聰明也都不可賣。義人的父親必大得快樂；人生智慧的兒子，必因他歡喜。你要使父母歡喜，使生你的快樂。」（箴言23:23-25）

08 培養孩子的自信心

「主—耶和華啊，你是我所盼望的；從我年幼，你是我所倚靠的。」（詩篇71:5）

回想一下童年時光，記得那些傷害你自信心的評語或情景嗎？你還記得那種討厭自己、羞愧不已的尷尬感覺嗎？就算現在回想起來，你也同樣感到心跳加速、面紅耳赤吧！身為父母，我們常常忘記當年在建立自我形象和安全感的過程中，也曾經歷過許多痛苦和困難啊！

當我國二時（求神保守這群人！），發生了一件有史以來最尷尬的事。是這樣的，我們的小鎮上舉辦園遊會，我鼓起勇氣邀請一位與我住在同街的女孩，作為我第一次的約會對象，雖然她比我高，但她居然答應了我，當時我真是喜出望外！

經過一番苦苦思索之後，我終於決定好我當天的行頭：藍色牛仔褲、白色襯衫、白襪子、短皮靴和一件運動風格的紅色燈芯絨背心。（讓我解釋一下：紅背心表示我覺得自己絕對稱得上「酷」。我是學校的新生，想藉此引人注目！）

大日子終於來到，我緊張到幾乎喘不過氣來，我媽還開車送我們到那裡去。一開始一切都很順利，我們四處逛逛，贏了些小獎品，還一邊狼吞虎嚥吃著爆米花和棉花糖。

然後我們走到了有遊樂設施的地方，如果說我只是對於晃動會感到不舒服，那真是低估了這整件事。其實我早在州際的山路上，就知道遇到顛簸我會想吐，我當時只考慮了一下，就決定勇往直前，以證明我的男子氣概，這絕對是我年輕時犯的最大錯誤！

星際蜘蛛……沒問題！八爪章魚（更大的考驗）……沒問題！勉勉強強啦！我開始覺得天旋地轉，其實我應該早點喊停，不要再考驗我的五臟六腑，但是我的愚蠢讓我走向無可避免的災難。就在毫無殺傷力的摩天輪上，我居然發作了，車廂停在空中前後搖晃，整個世界天旋地轉。完了！我開始覺得反胃，吐出一整堆的食物和餅乾碎塊，嘔吐聲大作。還好有綁安全帶，我才沒有跌到車廂對面。我那整套帥氣的行頭，包括那帥氣的紅背心，瞬間都變成一灘噁心巴拉的爛泥。帶著刺青的摩天輪操作員，往上一看，瞇著眼露出邪惡的奸笑，故意讓我們繼續留在上面、晃了好久才下來。

我全身上下都噁心極了，我還得這樣呆呆地等媽媽來接我，好像等了一萬年她才來。其實我約的女孩非常有同情心，一點兒也沒有讓我難堪，但是我真的覺得糗斃了：「她會怎麼看我？明天去學校我要怎麼面對大家？」

我說這個故事，是想要提醒我們「想當初」是多麼地難熬，從第一次在公車上被人絆倒，到畢業舞會上的歡呼，青少年時期真的是讓自尊心最煎熬的一段時間。孩子們會對彼此非常殘忍地惡意嘲弄，他們對任何非主流的人貼標籤、盡情揶揄，他們會辱罵你、欺負你、用暴力威脅你，把你孤立起來。

如果我們不留意，就會完全忘記自己當時面對的困難是多麼嚇人，醒一醒吧！

我們無法保護孩子完全不受生命殘酷的打擊，我們也不該這麼做；我們應該做的是給他們隨時的指引，還有內在的自信心，讓他們有力量戰勝這一切。我們是孩子最重要的心靈導師，我們必須幫助他們建立健康的謙遜，還有不狂妄的自信心。外面的世界充滿變化莫測的邪惡洪流，我們需要從聖經而來的智慧和幫助，引領我們駛出這片汪洋。

錯誤的信心根基

讓我們先來分辨清楚一些虛浮的根基，這樣我們才不會將信心建立在錯誤的根基之上。

外貌

我們從一出生，就開始以外貌評斷別人，而我們自己也這樣被別人評斷。根據社會的標準，一般人大約可區分為有魅力、普普通通、不太行這三類。你的高矮、皮膚白不白、直髮還是捲髮、嬌小還是壯碩……你要不是跟得上時代，就是落伍。許多孩子每天想破了腦袋，就是想知道自己到底長得怎麼樣，或是自以為長得很醜每天哀嘆。對一些孩子來說，要和自己的外貌和平共處，可是人生最艱辛的掙扎。

我太太看過我在國小的照片，她說我看起來很可愛，但是當時我完全不這麼想，我太矮、耳朵太大，頭髮太紅又滿臉雀斑，我相信每一個人（我媽除外）都覺得我看起來蠢斃了。一直到我長大一點讀了聖經，並且開始崇拜大衛王的時候，由於他個子也很小，也是一頭紅髮，我才覺得自己長得還勉強過得去。

很多父母都接受這個世界的標準。我們過度強調外表，覺得這件事非常重要，如果我們再這樣下去，就是在為孩子找麻煩，他們會用自身的外貌來衡量自己，也會這樣評斷別人。如果有人比他們長得好看怎麼辦？如果他們因為意外而毀容或殘障呢？如果他們衰老了，身體再也大不如前了呢？

要將自信心建立在穩固的根基上，你必須將孩子所有的恩賜都歸榮耀與神，包括所有外在的恩賜。你自己要深深地如此相信，然後持續地教導你的孩子，這會讓孩子有自信，但是也懂得謙虛地欣賞別人。

再來，教導他們學習和神一樣，重視內心勝於外貌：

「耶和華卻對撒母耳說：『不要看他的外貌和他身材高大，我不揀選他。因為，耶和華不像人看人：人是看外貌；耶和華是看內心。』」（撒母耳記上16:7）

運動天分

孩子們很快就會分辨出誰跑得最快、誰最強壯、誰的身體協調性最好，這樣的孩子通常比較受歡迎，也都會成為團體中的帶領者，特別在男生之中。運動天分是很棒的恩賜，但是不能成為衡量一個人的標準，現在有些運動明星的私生活根本毫無倫理道德可言。你有運動上的天賦，跑得很快、力量很大、耐力很強、動作很敏捷，這些都不是生命中真正的優點。本書之前有提過訓練孩子的運動能力非常重要，但是這些絕對不能成為他們評量自己和別人的標準。

聰明才智

「你好聰明喔！」我們總是這樣誇讚我們的小孩，但是等到上學以後，智力評估可是每天都在上演。被別人稱作「蠢蛋」或是「呆子」，等於把一個孩子打入社會的最低層。事實上我們都知道有些人聰明得不得了，但是人品卻非常差勁，高智商只會讓他們變得更糟糕！智慧才是神所稱讚的，這是一個人的品格，是人生經歷和順服神的產物，每個人都可以達到。

在我和蕾兒將孩子養大成人的過程中，我們會讚賞他們的好成績，但更強調背後辛苦的努力，如果孩子已經盡力了，不論最後成績如何，我們都會為他們鼓掌叫好。我們會注意他們的成績，進步了就獎勵，但是我們相信，如果把成績看得比一切都重要，那可就大錯特錯了。

物質條件

最酷的自行車、最新潮的車子、最先進的科技產品、最新的電玩遊戲，或是最時髦的衣服，都替孩子在社會上做足了面子，這些物質條件真的能夠幫你交到不少的「朋友」啊！電視廣告也大力鼓吹：「你一定要有這個，不然你就遜掉了。」而我們還真的相信這一套哩！

我們受到自己的成長背景所影響，有的人家庭環境很富裕，有的人很窮。如果沒有讓孩子穿上最好的衣服，我們就擔心害怕得不得了；不然，我們就立定志向，一定要讓他們享受到我們從來沒有過的物質生活，這是多麼膚淺和世俗啊！根本就和神的道理大相逕庭，耶穌說：

「你們要謹慎自守，免去一切的貪心，因為人的生命不在乎家道豐富。」（路加福音12:15）

別讓孩子以為他們比別人好或比別人差，只是因為他們擁有什麼或沒有什麼。請記得，對你的孩子慷慨，讓他們穿得很時髦，這沒什麼問題，但是他們絕對不能將自信建立在物質上面，也不能只是被這些外表的東西占據他們的心思。

父母會犯的錯誤

除了將孩子的自信心建立在錯誤的根基上，父母也會常犯一些錯誤，危害到孩子的自信心。以下八種最為常見：

過於挑剔

如果你老是看到自己孩子的不足，他們當然也會這樣看自己。如果你覺得刺激他們改變的最好方式，就是一直嘮叨他們的缺點和錯誤，那你就徹徹底底地錯了，這可能是你父母親對待你的方式，但是拜託不要再用這樣的罪傷害你的孩子了。

很多人覺得西門就是那副樣子：情緒暴躁，動不動就發脾氣；但是耶穌看到他可以成為什麼樣的人：一個偉大的領袖，一個充滿信心的男人，耶穌甚至為他改名叫彼得——偉大的磐石，而那正是他後來成為的樣子。

缺乏教導和訓練

漫無目的地表達愛是不夠的，我們必須明確地說出我們愛孩子什麼，喜歡、欣賞和重視哪些部分，要用他們能夠明白的語言清清楚楚地表達出來。「乖兒子，你把自己的房間打掃好了，你真的好棒喔！你是個努力工作的人。」「小寶貝，你很會鼓勵別人呢！你的笑容美極了。」我們的讚美要更具體、更頻繁，這樣效果就會更好。

很少和孩子在一起，或是缺乏單獨相處時間

孩子們會將他們的自尊心建立在我們給他們多少時間上，如果我們總是說「我很忙」，他們會覺得自己一點

兒都不重要，也沒有什麼值得重視的。如果你有好幾個孩子，那麼你真的需要用心好好規劃一下。有些孩子個性比較敏感，情緒不穩定又有很多要求，他們會向你要求很多的注意力；有些孩子比較隨性，好像不太需要我們的關心。不要被表面的現象矇騙了，每一個孩子都需要和父母親單獨相處的時間。

不認識孩子獨特的需求

孩子就和大人一樣，會被不同的方式所激勵，也會被不同方式打擊自信，我們要像學生一樣研究孩子的人格特質，才能知道建立他們的最佳方式。像我們家的老么小雅，就對情感的鼓勵和表達很有回應；而老大莉莉喜歡有難度的目標；大緯則是一定要好好花時間和他在一起才會覺得開心；而佑恩呢？你要先好好鼓勵他，他才會花時間跟你出去。（真是奇怪了，他們的基因組合全都是來自於我們啊！）

偏心、愛比較

假設你有兩個兒子，一個是運動員，另一個是音樂家，你會為哪一個鼓掌得比較大聲呢？有些人的確會因為自己的喜好而對孩子偏心。再假設你有兩個女兒，一個每科成績都是特優，另外一個成績表現平平，但是很顯然具有領導風範，而且在學校的服務性社團非常活躍。如果你想藉著比較來激發她們，只會引起她們之間的忌妒心，讓她們內心充滿怨恨和挫折。兩個孩子的強項你都應該要好好地讚賞和表揚。

求好心切、揠苗助長

如果你自己是個衝勁很強的成功人士，那你得小心一點兒，不要在孩子十歲前就把他們逼到彈性疲乏，他們只是小孩子而已！我當足球教練的四年之中，看過一些家長在場邊激動地大聲嚷嚷，不斷對他們的孩子大吼大叫，好像他們正在打世界盃一樣。與我們隊員的家長第一次開會時，我會這樣告訴他們：

> 嘿，他們不過是小孩子，他們是來這邊好好玩的，我們隊上的優先順序是這樣：(1)玩得開心，(2)來交朋友，(3)學習團隊合作和運動精神，(4)學習踢足球。相信我，我們一定會盡全力贏得比賽，但是，幫我個忙，**讓他們當個孩子就好！**

我覺得我是整個聯盟裡面鬥志最高昂的教練之一，但這是一種出於熱情的鬥志，不是那種不計一切只要贏的鬥志。有了這種態度，我們的足球隊四年之內贏得兩次冠軍，另外兩次打入決賽，但是最重要的是，我們玩得很開心。不管你的孩子有什麼專長，讓他們享受在其中，特別是在他們的童年時期，只要開心地享受自己的專長就好了。

還有一個實際的建議：如果孩子年紀還不到，不要急著送他們去上學，有些孩子可以適應得來，但是有些孩子在情感上和社交能力上都還不夠成熟，和年長的同學相處會有問題。對一些孩子而言，如果他們剛好是同年級中最小的，也許讓他們等到下一年再入學會比較好，我們家兩個兒子就是這樣，我們對這個決定從來都沒有後悔過。

父母親老愛自我貶抑

謙虛是一回事，但是在神面前沒有自信又是另外一回事。如果你在孩子面前老是貶低自己，你是在傷害他們對人生和自己的觀點，他們會有樣學樣，老是看自己的不足和缺點，而輕忽自己的強項。

將自己的夢想加諸在孩子身上

讓神引導你的孩子，走上祂為他們所安排的人生道路，不要將你自己的夢想加諸在孩子身上，更不要為了彌補自己沒有達成夢想的遺憾，硬要孩子去做他們不想做的事。我希望自己小時候可以參加更多大規模的運動比賽，但是我拒絕對我的兒子們施壓，我試著在運動方面鼓勵他們、激發他們，但是我絕對不希望他們有這樣的感受：「如果你們運動不好，爸爸會很失望。」給你的孩子方向和指引，但是拜託，把你個人的面子先丟掉！

正確的信心根基

孩子和神的關係是他們自信心唯一正確的來源，如果他們仰望神和祂無條件的慈愛，會發展出不會自吹自擂的自信心，還有一顆不會妄自菲薄的謙虛心。

「神愛我們的心，我們也知道也信。……愛在我們裡面得以完全，我們就可以在審判的日子坦然無懼。……愛裡沒有懼怕；愛既完全，就把懼怕除去。」（約翰一書 4:16-18）

如何培養自信心

以下是九種建立屬神自信心的實際方法：

強調他們與神的關係

教導孩子：他們在神眼中是獨一無二的；無論他們做什麼，祂都與他們同在；祂照著自己喜悅的樣式創造了他們，而且對他們的生命有非常棒的安排和計畫。

品格比外貌、才華、智能和物質條件都還重要

不厭其煩地告訴孩子，他們的心靈和態度對神而言才是最重要的。我自己發明了一句格言：「好的品格一定會贏得最後的勝利。」天賦異秉的孩子也許會有燦爛的前途，但是如果沒有好的品格，他們將來一定會跌得很慘。

努力認真比能力和成就更重要

在馬太福音才幹的比喻中，三個人都有不同的才能，

因此被賦予了不同的金額，雖然其中一個人賺得比較多，但是兩個成功的僕人都得到主人相同的稱讚， 讓我們也用這樣的態度對待孩子吧！

鼓勵他們多坦承自己的害怕、失敗和不安全感

孩子常常因為不安全感、失敗感和憂慮而苦惱，他們可能會對你隱藏這樣的感受，甚至對自己也不承認。你要用心聆聽並觀察，問問他們是不是有什麼心事，當他們向你表達出來時，跟他們好好聊聊，直到他們找到自信為止。我發現常常跟孩子分享我年輕時做的蠢事和捅的婁子，可以幫助他們明白每一個人都會犯錯，他們聽完往往眼睛一亮，然後會問我說：「把拔，這是真的嗎？那你那時候怎麼辦哪？」這會幫助我和孩子的心更靠近，讓他們感覺自己不是最糟糕的。

鼓勵他們發揮所長，並且提供機會讓他們多多成長

尋找孩子的優點，並且幫助他們好好發展，「天生我才必有用」，但是許多人終其一生覺得自己一無是處（可參考以弗所書4:7；羅馬書12:3-8；哥林多前書12:12-26）。

有些人則是一輩子都埋頭苦幹，但是卻選擇錯誤的領域辛苦耕耘，不論他們多麼努力，也是表現平平，這是因為他們一直在做賠錢生意。你有責任幫助孩子發現他們的天賦，並且在其中大放光芒。

幫助他們在弱項方面成長

鼓勵你的孩子全面發展，不要因為覺得自己在某方面很笨拙或能力不足就放棄。舉例來說，孩子的功課可能不是第一名，他們的才能表現在運動或是人際關係上，但是不要因此就讓他們放棄學業成績，變成一個四肢發達、頭腦簡單的人。課業成績非常重要，不能忽略，因為這會讓孩子懂得一分耕耘、一分收穫的道理，其他方面也是一樣。

當我想起聖經上的偉大人物時，我看到一些人有絕佳的天賦並且盡力發揮，使得他們有更偉大的貢獻。想想箴言31章的才德婦人，她會的可多了，從管理家事、做生意，到經營一家大大小小的所有事；還有大衛王，是個牧羊人、士兵、軍事將領、政治領袖，還會自彈自唱兼作曲。鼓勵你的孩子發展一技之長，但也要多多了解和關切其他的領域。

幫助他們交到益友

孩子的朋友圈可以增強也可以毀壞他們的自信心，每個孩子都需要有一個接納和認同他們的圈子，如果孩子老是覺得自己和別人格格不入，或是自覺低人一等，對他們的自信心可是一大殺傷力。有些孩子一直想要擠進根本不認同他們的圈子，或是這些損友常常貶低他們，如果你發現這樣的情形，也許是孩子的行為需要改變，以免別人討厭他，也或許是引導他們到另一個朋友圈的時候了。

不要害怕去監督孩子的朋友狀況。我們一直跟孩子這樣說：「如果你沒辦法幫助你的朋友變得更好，或是只會害彼此變得更糟糕，那麼你們不可能成為親密的好朋友。」我們不只要這樣告訴他們，也要確實執行，這是身為父母親的責任。我們要保護孩子遠離那些會欺負人、嘲弄人、霸凌別人的孩子，不要受到他們的不良影響，這對年幼的孩子可是格外重要。

大緯就曾經有過這樣的朋友，這個孩子不會威脅他或恐嚇他，只是每天都在批評大緯。他比大緯年長一歲，自然比大緯強壯、更敏捷也更有協調力。他會宣揚自己偉大的功績，話中有話地嘲笑大緯比不上他。有一次被我發現了，我把大緯拉到一旁問他有什麼感受，他向我保證這些話都傷不了他，但是我還是極力地勸他，絕不要讓自己的自信心受到傷害。

我和蕾兒開始觀察這段友誼，並且減少他們兩個相處的時間，我們鼓勵大緯多和自己同年紀的朋友一起玩，並且也為他多製造這樣的機會。

這些年來，我們家孩子和教會中一些健全的孩子有非常棒的友誼，我們努力消除這些關係中的阻礙和距離，結果真是收穫良多。後來有些人搬家了，我們還是鼓勵他們透過電話、寫信來保持聯絡，有時也會碰個面敘敘舊。我們也會讓孩子參加區域教會的露營活動，在那兒認識的朋友，有的到現在都保持聯絡呢！教會孩子之間的友誼，對於孩子們的屬靈、開心和自信心，真的有不可思議的美好影響。

教導孩子欣賞並讚賞別人的努力與成就

孩子如果學會讚賞和鼓勵別人，自己也會有自信心；有充足的自信心才懂得讚揚別人，他們不會將別人視為競爭對手，而視為自己的夥伴和朋友。一心只是想贏是很不好的，朋友之間的良性競爭可以幫助彼此。沒有人會喜歡一個輸掉的人還在那邊忿忿不平地哭訴和生氣，也沒有人會喜歡一個只會得意洋洋地嘲笑別人的獲勝者。

教導孩子盡其所能、全力以赴，絕對不要一輸了就怪老師、怪隊友、怪裁判、什麼都怪。如果他們能「與喜樂的人同樂」，就能學會接受自己、接受生命中的輸贏，卻仍然保持著自信心。

教導孩子要學習聖經中的約拿單，他有很多理由可以忌妒大衛王，但是他卻決定作他最好的朋友和支持者（撒母耳記上18章）；還有施洗約翰，他說耶穌必定會大大興旺，而他自己會逐漸衰微（約翰福音3:30）。

一直鼓勵就對了

成為你孩子的頭號粉絲，告訴他們你覺得他們真是棒極了，他們就真的會變得棒極了！稱讚他們畫的圖畫，肯定他們做的作業，不管他們做什麼，都給他們拍拍手，讓他們感覺到無比的溫暖和支持，只有父母才能給他們這樣的感覺。如果你看他們一切都甚好，就算你糾正他們，他們也會覺得感謝，而不會灰心氣餒。

有人說要五個讚美才能勝過一個批評，我不知道確切的數字，但我知道人的天性就是需要讚美才會茁壯興旺，而嘮叨不停的責備只會使人枯萎退怯。只要你的孩子感受到你的肯定和讚美，他們的自信心一定會展翅上騰。

ജ്യ

詩篇第廿三篇中，大衛王提到他兒時對神的信仰：「耶和華是我的牧者，我必不致缺乏。」（詩篇23:1）這個年輕人心中有何等大的自信、堅定和安詳哪！難怪當歌利亞公然地挑釁神的軍隊時，大家都被嚇得在一旁發抖，但是這位勇敢無懼、天真無邪的少年英雄卻站出來，憑著他兒時勝利的信心大聲宣告：

「耶和華救我脫離獅子和熊的爪，也必救我脫離這非利士人的手。」（撒母耳記上17:37）

這樣的關聯再明顯不過了，他在年幼時期培養出的單純信仰，就是造成他日後偉大成就的重要根基。他一直在預備自己，而偉大的時刻終於來臨了。

在你的孩子身上建立這樣的信仰和屬神的自信心，如此你就只需要等著看神怎麼使用他們做大事了！

PART THREE: FABRIC

第三部：磚牆

09 屬靈家庭的根基

「但你所學習的，所確信的，要存在心裡；因為你知道是跟誰學的，並且知道你是從小明白聖經，這聖經能使你因信基督耶穌，有得救的智慧。」（提摩太後書3:14-15）

當我們談到「屬靈家庭」時，我們想表達的是什麼？或許我們應該先從「屬靈」一詞的意義開始說起。

保羅使用「屬靈」來描述一種成熟度。年輕時我們還不成熟，在許多情況下，我們還是很容易像成為門徒之前那樣思考、反應還有表現（哥林多前書3:1-4）。然而，當我們蛻變為成熟的門徒時，我們就是「屬靈的人」，有能力挽回落入罪中的基督徒，並且能夠「擔當彼此的重擔」（加拉太書6:1-2）。

雖然耶穌並未使用「屬靈」這樣的字眼，但祂在登山寶訓中的教導，其實就是這種珍貴特質的完美定義。簡而言之，「屬靈」意味著要表裡如一：我們是真誠地與神有份真實的關係，而非偽裝自己表現出敬虔的模樣。

同樣地，一個屬靈的家庭，是一個每天榮耀神、追尋神、體會神的家庭；是一個不斷實際地禱告，並且有信念地研讀並遵循聖經的家庭；是一個以畢生及全心的承諾榮耀神，並奉獻己身、跟隨基督的家庭；是一個愛神的教會，並完全投入門徒關係及教會事工的家庭；是一個有敬拜、讚美、讀經時間的家庭；是一個當孩子們成熟時，去愛人和學習聖經的地方；是一個雙親致力於教導每一個孩子，使其歸向基督的地方；最後，是一個試圖幫助他人成為耶穌門徒的團體。

這不只是一個「良好」、「溫馨」或常去教會的家庭；一個家庭即使擁有上述所有的特質，仍然可能不是屬靈的家庭。屬靈的家庭不只非常真實，還具有不可思議的影響力。屬靈的家庭是「地上的鹽」、「世上的光」、「建在山上的城」；這些屬靈的榜樣，都足以引起眾人的注意，並歸榮耀與神。成為屬靈的家庭是一件奇妙且有力量的事。

屬靈的家庭必須由屬靈的父母親帶領。倘若我們自己駐足不前，便無法引領我們的家庭。如同第一章所說的，孩子大老遠就聞得出我們是不是虛偽的。因此，若要對孩子們有屬神的影響力，我們必須確實地愛神，始終如一地與祂同行，並且全心全意地獻身於祂的事工。

要成為屬靈的家庭，什麼是我們必須納入家庭生活中的要素呢？我們將會討論六個基本範疇：禱告、師徒時間、家庭敬拜時間、對教會全然委身、以傳福音為主的生活方式，還有孩子的靈修。

1. 禱告

身為父母，我們應始終在神的寶座面前養育孩子，並且禱告祂保守他們、引導他們、拯救他們，至終接他們回天家。我們應效法保羅，他為信仰中的兒子提摩太禱告，「在禱告中晝夜不斷地記念你」（提摩太後書1:3，新譯本）。我們必須明白有一個強大且無情的敵人，想要摧毀我們與我們的家庭；然而，要從神手中奪走我們的孩子，牠卻無能為力。我們的祈禱或許就是最強而有力的武器，能捍衛他們的靈性。

我想起耶穌在遭背叛和被逮捕的那晚，對彼得說的話。那時，耶穌已經知道彼得將面臨撒但的全力攻擊，祂警告他：

「主又說：『西門！西門！撒但想要得著你們，好篩你們像篩麥子一樣；但我已經為你祈求，叫你不至於失了信心，你回頭以後，要堅固你的弟兄。』」

耶穌「但我已經為你祈求」這番話，證明了我們在為所愛之人的心靈爭戰時，禱告能改變戰況。身為父母親，我們需要代表我們孩子成為禱告的戰士。我們正在他們心靈的戰場上作戰，而我們的禱告能逆轉劣勢。

我們也必須**和**我們的孩子一起禱告，他們會藉著聽我們的禱告，來學習如何禱告。看到禱告對我們是如此實際，他們會學習去體會神的存在。我們應該定時與我們孩子一同禱告，例如在就寢和用餐時間，但不是像死記硬背或是例行公事，而是由心發出。我和蕾兒常常在我們小孩踏出門正要上學時，和他們一齊禱告。當我們家還住在邁阿密時，此舉發展成社區活動。住在我們這條街上其他年輕的男孩們，也開始注意到我們所做的事。每天早上他們上學時，會聚集在我們家門前，和我們家一塊兒禱告。

在我們正要下車、去參加主日崇拜前，我們一家也會一起禱告。這禱告幫助每個人預備適當的心情。我和蕾兒常負責上台講道，因此我們會請孩子們為我們禱告。有一次我兒子佑恩為我禱告，令人難以忘懷：「神啊，幫我的爸爸來個超棒的講道吧！親愛的神啊，請求祢幫助他**認為**自己真的講了一場超棒的道！」（我兒子真是了解我，我最會挑剔自己了！）

困難或挑戰來臨時，一家人應該要齊聚禱告。孩子們會了解，我們全然倚靠神的幫助；若沒有祂的祝福，我們會徒勞無功。其中一個方式，是組成「禱告搭檔」，當我們為某事掛心時，會和一個孩子一起為這件事禱告；我們也會為他們一些特別的需要禱告，以此回報他們。神應允了我們，鞏固我們的信心，並使我們與孩子更加親密。

萬一你的孩子稚氣未脫，不想在就寢時間禱告呢？我們常會遇到這樣的問題，而我的妻子已經研擬了一些策略，似乎總是奏效呢！首先，她會告訴孩子們，神是如何愛著他們、想親近他們，並且真實存在；即使他們看不見神，祂總是在他們身旁。假如他們仍不想禱告，她便會利用他們喜愛的晚安曲，蕾兒會說：「好吧，如果你不想禱告，那你大概是太累了，也不想聽我唱晚安曲了。那就晚安囉，明天早上見！」這招很高明，通常立刻就見效。

2. 推心置腹的屬靈交談

現在，讓我們回到第七章所介紹的觀念，我們需要學習如何與孩子談論關於屬靈的事，並且要規律、自由、公開地談論。請再讀一次申命記第六章4至9節，我們相信這段經文是聖經中有關如何傳授給孩子屬靈真理，以及如何建造屬靈家庭最重要的教導。

關鍵是公開、持續及真誠的溝通，這是屬靈的交談，使我們與孩子能彼此交流，也把聖經中的教訓、我們的家庭生活、還有孩子的心，都編織在一塊兒。就像耶穌教導他門徒的方式，三年中門徒幾乎都「與祂同在」（馬可福音3:14）；耶穌在他們的實際生活中，日日夜夜地教導他們。這是同在一個家庭中很棒的一件事：我們要一起生活好幾年，神早已計畫讓我們運用這個機會，將屬靈的真理傳授給孩子，深印在他們的心靈和才智，而這樣的傳授，大多是在日常生活中發生的。

不知道你怎麼想，但是對我和蕾兒來說，明白這個道理令我們大鬆了一口氣，倘若我們必須特地安排時間來教導孩子，我們一定會抓狂的。我們確實安排了一些特定的時間，對教育孩子大有助益。但我們大多數的教導是在日常例行生活中完成的：用餐時間、搭車、在家裡面做些有的沒的、和朋友在一起、輕鬆時光、玩樂，以及聊天的時候。

當我們以這樣的方式傳授屬靈真理時，孩子們會做得更好、學得更快，他們看到與神同行是真實存在的，是普通人就可以做到的，不是只有那些超級虔誠的聖人才做得到。我們並不是從生活中劃分出一段特別的時間來認識神，我們整個生活就是在認識神。

這不只是在做一件事，也不是藉由參加某個活動，成為怪胎或是超脫塵世的宗教人士；這是關於如何了解、信任並愛慕一個對象，這是與一位慈愛且在乎你的天父建立關係，而這位天父正是宇宙萬物的創造主。

這麼多年來，我和蕾兒關於教養的教導與著作不少，我們發現沒有任何事比這更重要，但它卻又是這麼容易被輕忽。這是生命一切的祕訣與關鍵，簡而言之，向你的孩子述說你對神的愛慕，還有你對祂的信靠，用你的真心與他們的真心對話，並且落實在每天的生活中。

之前我有提過，的確需要安排固定的時間與孩子有屬靈對談。如果你是上班族，而你的孩子又愈來愈投入在自己的活動時，你會發現你必須要空出這樣的時間，才有可能跟他們有推心置腹的屬靈對談。蕾兒就不必這麼辛苦，因為她比我更常在家，又善於在屬靈及平常談話間收放自如；她也擅長利用零碎時間，像是一大早、孩子放學回家及就寢的時間，和孩子們有很棒的談話。

由於這些時間我也大多在家，我發現設定一段特定的時間，會幫助我與孩子有更好的連結。在我們只有第一個孩子莉莉時，我還不需這麼做，因為下班回家後，我能專心花時間陪伴她，我通常會把她拉近身旁，帶她去外面散步，或在後院跟她玩耍，在這些寶貴的時光裡，我們聊得十分愜意。

但隨著孩子一個個出生，我發覺設定時間，每週帶一個孩子開車出門、散步或去附近咖啡廳坐坐，實在是非常寶貴的時光。即便如此，我還是盡可能讓這些時間愈自然愈好。

例如禮拜五早上，我會載老么小雅去上學，途中我們會在一家咖啡廳吃早餐，她會點份貝果，我則點杯咖啡，然後自然地聊聊天。雖然蕾兒有時會告訴我小雅這個禮拜在面對什麼事，但我從來不會刻意計畫要聊些什麼，我會讀一段經文，然後和她一起討論，並且在開車前往學校的路上一同禱告。

在小雅年幼時，這些時刻是我和她的關係裡最美好的回憶。這很簡單，也很容易做到，但卻使一切變得不同。

扼要地說，在這些「師徒時間」（Discipling Time）中，你和孩子單獨談天，教導他們聖經，並與他們一起禱告。當孩子還年幼時，顯然時間和深度都非常有限——他（她）只需一段簡短的經文和禱告的時間。

當他們年紀愈大時，你可以逐漸加長時間，但也別太長，以免超出了他們能夠專注的時間，不要讓這些時間成為無聊又沉重的苦差事。對於你們兩個人來說，這個時間應該是愉悅的、輕鬆的，能夠學習與拉近彼此的關係。你們可能會想出門，即使只是在附近走走、去公園逛逛，或外出買杯冷飲也好。

選一個可以幫助他們當下需要的主題及經文。我和蕾兒常常對照我們倆的筆記，以協助彼此決定孩子的需要為何。一起讀某段經文之後好好討論，並思考如何實際應用，甚至可以背一段經文。有時在晚餐時，誰學到了新的經文，就可以和其他人分享。

讓神來帶領這些談話的內容，祂會照祂所想要的方向進行。你也許選了一個主題，但後來發現孩子也需要討論其他的事情。不必思考太多你要做的事，也不要事先計畫過度，順其自然吧！讓聖靈帶領，把握機會一起禱告。

所以，總結是：把神和屬靈的事與你們每天的生活編織在一起，藉此你會擁有一個屬靈的家庭。如果你覺得時候到了，可以開始安排固定的時間，與孩子有單獨的交談。這些與孩子們敞開心扉、推心置腹的談話，其價值不可言喻。這不會太複雜，而且我們都能從中學習如何實現神那簡單又有功效的計畫。我們將在第十二章探討如何與孩子交心地對談；但是，讓我們現在開始學習如何從心出發對我們孩子說話，並且直說到他們的心坎裡！

3. 家庭敬拜時間（Family Devotionals）

「後來他從那裡遷到伯特利東邊的山地，搭起帳棚。西邊是伯特利，東邊是艾城；他在那裡也為耶和華築了一座祭壇，呼求耶和華的名。亞伯蘭又起程，漸漸移到南地去。」（創世記12:8-9，新譯本）

全家聚在一起敬拜神，是屬靈家庭之必須，且具有強大的力量；家庭敬拜的時間是全家一起敬拜神，歡聚唱歌、禱告、研讀聖經，並且拉近彼此的關係。這個時間讓我們可以舉辦自家的敬拜聚會，就像一個小教會一樣，讓我們與所愛的家人團聚，一起拉近和神的關係，這感覺是無可比擬的。在這段時間中耶和華親自與我們同在，就如同祂承諾我們的：

「我又告訴你們，若是你們中間有兩個人在地上同心合意地求什麼事，我在天上的父必為他們成全。因為無論在哪裡，有兩三個人奉我的名聚會，那裡就有我在他們中間。」（馬太福音18:19-20）

這是多麼棒的應許！對於一個家庭來說，這是多麼美妙的體驗！我們三不五時會邀請別人參加我們的家庭敬拜，而他們總會告訴我們他們是如何被激勵。神所渴望的就是讓所有家庭都能體會敬拜祂的歡喜，家庭敬拜也可以使得全家的氣氛變得更美好。

家庭敬拜的時間絕不是無聊又毫無意義的煎熬，絕不是父母忍耐著做完例行公事、而孩子巴不得趕快結束的時間；這段時間可以是、也應該是充滿樂趣和活力、實際又有創意。看到這兒有些人的信心已經開始動搖了，但繼續聽我說，這沒有你想像中的難。

我建議你和配偶一起規劃這個時間，根據這個家現在的需要，仔細地選擇一個相關的主題。不要只是做做樣子，而是運用這時間來解決某個重要的行為問題或是態度問題。這並不是說每次這段時間都是用來糾正孩子的問題，假如你讓家庭敬拜變為每週訓話，可就走偏了。雖然這可以是一段解決問題的時間，但大多數的時候，讓它成為敬拜、教導和激勵的時間，藉此時間描繪出你們一家人透過神的大能可以畫成的美麗圖畫。

孩子愈年幼，敬拜的時間就要愈短，通常敬拜時間的長度約在十五至四十五分鐘之間。我和蕾兒通常會事先計畫，但有時我們也會退居一旁，讓孩子們自己規劃這個時間。我們通常會依照一套固定的模式，但會非常小心地避免落入例行公事的陷阱。一開始我們會先唱歌幾分鐘，各種類型的歌都可以選擇，從活力充沛的兒童詩歌到最優美的聖詩都有；有時我們會拿出歌本，教孩子們一些新歌。接下來我會講一個簡短的聖經故事，希望每個人都盡量發言討論，我們常常分飾各角，把聖經中的故事實際演出來。我們通常以禱告來結束這個聚會，並且盡可能讓每個人都有機會禱告。

我們的敬拜涵蓋各式各樣的主題，我們會研讀耶穌的比喻和祂生命中的不同事件。有一次，我們討論馬太福音二十章20至28節，耶穌關於成為僕人式領袖的教導，並宣布接下來的一週為「僕人週」。我們演過很多舊約中很棒的故事，像是亞倫與戶珥一起扶著摩西的手，最後在戰爭中得勝（出埃及記17:8-13）；我們也演出本書第六章提到四種類型的不順服（公然忤逆型、討好型、裝聾作啞型、發牢騷型）。

有些晚上我們會分享自己蒙應允的禱告；其他的時間，如果這週有人的心情十分沮喪，我們會請他們站在中間，為他們做特別的禱告。如果你想要找好點子，你可以找到很多很棒的資源，但是重要的是不要害怕或是有壓力，讓家庭敬拜盡量簡單，並且享受這時間，神自然會藉此賜福你的家庭。

4. 獻身於神的家庭：教會

我們家庭和所在教會的關係，對於建造屬靈家庭來說，是相當重要的一塊磚。聖經教導我們，要「親愛教中的弟兄」（彼得前書2:17），教會是神的家，也是我們服事祂的地方。

事實上，教會是我們自家的延伸，也是神在恩典中賜給我們的大家庭，因此我們理當愛神的教會。身為父母，我們也應該培養孩子這樣的態度。

父母親們，我們如何看待教會，也會深深地影響你的小孩，倘若我們對教會抱持著正面、熱愛的態度，你的孩子也會如此。在我們家中，小孩知道我們深愛著神的兒女，也熱愛參與教會的活動。教會對於我們而言，是「我們」，不是「他們」。

因此，我們的孩子對於參加教會禮拜不會反感，反而非常喜歡去教會，他們最好的朋友都在那兒。他們喜愛禮拜的時間，也很享受聖經課程。假如我們注意到孩子的團契運作得不太好，我們會幫助他們改善現況。我鼓勵你也這樣做，別只是袖手旁觀地說：「為什麼『他們』不做得好一點？」這是你的教會，你也要投入其中使之變得更好。

教導你的孩子尊敬他們聖經課程的老師，並且要高舉和感謝這些投入主日學及青少年事工的弟兄姊妹，這些人應該是他們的英雄。教會中三不五時也會發生一些誤會，使孩子間的情感受傷，但別因此就不參加教會或是教會的活動。

不要結黨、到處說流言蜚語，也不要讓你的孩子在團契中變成局外人，或老是唱反調、愛惹麻煩。

假如他們在教會與輔導或是與其他孩子起了衝突，要設法讓他們迅速解決。若你對教會的某個人或是某件事有意見，要用屬神的方式解決，不要在孩子面前用不當的言詞談論這件事，這樣會危害他們對神國的愛，而你將會嚐到你自己種下的苦果。

5. 以傳福音為主的生活方式

當我們覺得一件事情是祝福，我們自然而然會向別人提起並分享。分享基督的福音，應該是我們每天家庭生活的一部分，孩子們在這個家感受到愈多祝福，就會愈想幫助其他的家庭認識神。

有些人會把家庭生活和傳福音當成兩回事。讓我們記住家庭是神最閃耀的光芒之一，祂藉著這光芒來點亮黑暗的世界。當人們注意到這是個充滿愛與喜樂的家庭，還有彬彬有禮又順服父母的孩子，他們的下巴會嚇到掉下來。這樣的家庭太罕見了，他們一定會想知道我們的家庭怎麼會這樣。

邀請別人來你們家坐坐，讓他們參與你的家庭生活，見識一下你的孩子們。你什麼都不用說，他們自然會看到不同之處；而當他們問你時，你只要告訴他們這是怎麼回事就行了。讓神使用你的家庭來改變別人的生命，是再棒不過的了。

6. 讓孩子與神同行

從孩子年紀還小時，我們就要幫助他們建立一份自己與神的關係，神對孩子而言必須非常真實，是深愛他們的好朋友與好夥伴，總是看顧他們，與他們同在。從嬰孩時期我們就有絕佳的機會去幫助在基督教家庭長大的孩子。雖然說是絕佳的機會，但是同樣也有危機和陷阱，他們可能只是裝裝樣子、去教會禮拜並參加所有的活動，但是面對神卻始終沒有一顆自發真誠的心。這個信仰對他們而言可能會變成包袱，而不是一份可以享受其中的關係。

要克服這個狀況，他們必須認識並愛戴那位親自呼召他們獻身的神。要幫助他們認識神，並且享受與祂獨有的關係最好的方式之一，就是讓他們自己花時間禱告和研讀聖經。孩子們獨自的讀經禱告，讓他們有機會建立起自己對神的信仰。

這聽起來似乎是既麻煩又無聊的責任（對我們和他們來說都是），但是有方法可以幫助孩子開始期盼與神獨處，並且樂在其中。我們可以從簡單的一小步開始，當他們大一點時，可以在他們準備出門上學前，讓他們讀幾段簡短的箴言或是詩篇，然後作個簡短的禱告，這對他們可能非常有幫助，只要記得讓這過程盡量簡單、有幫助，並且實際可行就好了。

我和蕾兒會教孩子在安靜的時刻與神獨處，去認識祂原本的面貌。我們會鼓勵他們走出戶外，看看四周的自然美景，並且去體認是神創造了這一切，祂是全能及全智的，但是非常在乎他們每一個人。這幫助我們的孩子將神視為一位可以愛慕的朋友，而不只是一位凡事要他們順服的主人。

當孩子年幼，還在幼稚園或是小學一、二年級時，一週裡有幾天早上，你可以好好地陪孩子們簡短地靈修；等他們到小學高年級時，他們可以開始自己靈修。我們建議讓孩子先讀經幾分鐘，接著有一小段禱告，這樣做個幾輪。之後你可以教他們寫下自己的靈修日誌，記下他們每天學到的事。

如果連耶穌的門徒都要求祂教他們禱告（路加福音11:1），我們的孩子同樣需要你的幫助。教孩子用固定的形式禱告，可能會很有助益，我們發現以

ACTS（Adoration, Confession, Thanksgiving and Supplication）不同主題的形式來禱告，對孩子有不錯的效果：就是讚美、認罪、感謝和祈求（請注意，這些主題對孩子都是很難理解的）。一定要仔細教導並解釋每個主題，並教他們如何針對各個主題禱告。

當孩子年紀大一點時，可以引導他們讀箴言、詩篇或四福音書，請他們研讀聖經中的青少年，像是約瑟、撒母耳、大衛、但以理、米利暗、馬利亞等人的生命，要隨時注意他們讀經的狀況，確保他們持續學習而不會感到無聊，如果真的開始覺得無聊了，你可以給他們一些好點子，重新激勵他們。

這當中有太多變數是這本書無法涵蓋到的，你必須仔細察看孩子的本性和特質，來判斷他們的屬靈成熟度和敏銳度。我們犯的錯誤通常是在兩種極端間擺盪，不是逼得太緊太快，讓孩子受不了；就是太少挑戰他們，讓他們的心靈空虛，被世界的事充滿了。祈求神賜給你智慧，多問問屬靈人的意見，並且信靠神對你的帶領。

ꕥ

以上就是用來建造屬靈家庭的一磚一瓦，沒有人做得十全十美，所有人都會不時覺得自己做得不及格。從現在開始吧！並且要有耐心，這個工作得好幾年才會完成，而且不管你做得多好，總是有需要加強的地方。

慢慢來，一次放一塊磚頭，到最後，我們會擁有堅如磐石的家，更是我們和孩子、還有神都喜歡居住的家。

10 我的家庭真甜蜜

「約瑟的哥哥們……就恨約瑟，不與他說和睦的話。」（創世記37:4-5）

「看哪，弟兄和睦同居是何等地善，何等地美！」（詩篇133:1）

我曾經問我一位警察朋友，他在執勤時最怕遇到什麼狀況，我預期會聽到像毒品突擊或持械搶劫之類的狀況，沒想到，他居然說：「家庭衝突！」一開始我非常訝異，但是思考了一陣子之後，我發現這個答案並不令人意外。

在這個世界上，有哪個地方會讓我們用情如此之深，讓我們的弱點如此暴露出來？就是在自己的家裡、與我們最親近的人在一起。我們的情感被刺痛，我們的心靈也變得苦澀；就是這裡，我們愛得最深，卻也傷得最深。

我鼓勵你偶爾停下腳步，聽聽你們家裡面的對話。把錄音機放在角落，錄下這些不經意的對話，之後再播出來好好地聽一聽。注意這些對話的用字和語調。當我們體認到我們和孩子之間是怎麼對話時，大多數的人都會感到十分訝異、非常難堪。

讓我們一起面對現實吧！很多家庭一點兒也不甜蜜，處處都上演著緊張、爭吵、意見不合的戲碼；怒不可遏的爭論、忍氣吞聲的怨恨永無止境地繼續著，卻也沒辦法解決任何問題。即使沒有明顯的衝突，一家人也可能只是一起生活著，卻沒有深切地彼此相愛，或很開心地共處一室。如果說爭執與苦澀是一個家庭毀壞的原因，那麼膚淺和冷漠正如癌細胞一般，慢慢侵蝕著彼此的靈魂。

即使我們往聖經裡去尋找答案，也只會發現更多類似的狀況。想想該隱與亞伯的故事，這是歷史上第一場凶殺案，卻是出自親兄弟之手；再看看雅各和他的雙胞胎兄弟以掃，由於父母親愚蠢的偏心和袒護，讓兄弟兩人老早就鬧翻了，並且一生都充滿著嫉妒、貪婪和復仇的慾望。

雅各的兒子們則是陷害自己的胞弟約瑟，讓我們看到罪是如何延續到下個世代。他們密謀把約瑟送去當奴隸，並且捏造他意外死亡的謊言來掩飾惡行，使得他們的父親多年來痛不欲生。再來看大衛，情慾、強暴、亂倫將他的家庭拆得四分五裂；他的兒子們自相殘殺，甚至造反想奪取他的王位。

還需要更多的例子來說服我們家庭分裂是多麼可怕嗎？這就好像神在說：「我會給你解決問題的答案，但我希望你先明白，若是一個家庭無法合一，像個戰場一樣，會是何等糟糕透頂！」這應該會讓我們謙卑下來，尋求所需的幫助，並且做出必要的改變。

感謝神，我們有一條更好的路，父母的選擇能夠讓情勢大為改觀。對某些人來說，這代表我們所接受和所期望的都要徹底改變，但是藉著禱告、正確地訓練孩子、還有一顆堅持忍耐的決心，這一切必然會成真。

要擁有一個甜蜜的家庭，有四個重要關鍵，以下我們會逐一討論。這四個關鍵就是互相尊重、自由坦白、規律的架構和愉快的氣氛。

1.尊重

我們已經在第五章裡，討論過孩子尊重父母的重要性。這裡提到的尊重，必須存在於每個家庭成員之間，該怎麼做呢？

除去批評責難、尖酸刻薄的話

有些父母居然接受孩子用這種方式説話，真的讓我非常訝異。我們之間的對話聽起來就像是連續劇的情節，而不像屬神的基督徒家庭。即使我們明白聖經如何指責這樣的態度，我們還是覺得這樣很正常；或許是這樣的方式已經行之有年，使我們對這種言語暴力已經變得麻木不仁；又或許我們已經漸漸絕望，覺得溫和、尊重的對話方式，根本就是無法達到的理想，所以我們也不想再努力改變了。但是，我們可以改變的！如果你還想要有一個甜蜜的家庭，你也一定要做出改變。想想下列有關溝通的經文：

「説話浮躁的，如刀刺人；智慧人的舌頭卻為醫人的良藥。」（箴言12:18）

「藐視鄰舍的，毫無智慧；明哲人卻靜默不言。」（箴言11:12）

「回答柔和，使怒消退；言語暴戾，觸動怒氣。」（箴言15:1）

「污穢的言語一句不可出口，只要隨事說造就人的好話，叫聽見的人得益處。不要叫神的聖靈擔憂；你們原是受了他的印記，等候得贖的日子來到。一切苦毒、惱恨、忿怒、嚷鬧、毀謗，並一切的惡毒，都當從你們中間除掉；並要以恩慈相待，存憐憫的心，彼此饒恕，正如神在基督裡饒恕了你們一樣。」（以弗所書4:29-32）

保羅說有些事情我們就是要「除掉」；不要誇耀賣弄，不要玩文字遊戲，就是「除掉」這些話。我們一定要除去暴躁刺耳的話，任何辱罵或是「笨蛋」、「蠢蛋」、「閉嘴」等字眼，通通都要從家裡消失，有些人甚至可以忍受比這些更糟糕的字眼，那些字眼我連寫都不想寫，希望耶穌所說的話能警告我們，讓我們警醒起來：

「我又告訴你們，凡人所說的閒話，當審判的日子，必要句句供出來；因為要憑你的話定你為義，也要憑你的話定你有罪。」（馬太福音12:36-37）

我們不會用這樣的方式對外面的人說話，有客人來訪，我們也不會這樣說話；那麼假如耶穌就在你們家裡，你會這樣說話嗎？用這樣的標準來檢視你們的對話吧！

我們必須要除掉暴戾的語氣，記得保羅的勸戒嗎？愛是「不做鹵莽的事」（哥林多前書13:5，現代中文譯本），語帶嘲諷，語調中充滿著鄙視、輕蔑和諷刺，跟直接的咒罵是一樣糟糕的。我們很多人從小就這樣說話，積習難改，還讓孩子也繼續這樣下去。有些孩子可能說的話字面上沒有惡意，但是語調卻毒到可以殺人了，這樣的狀況必須被禁止，也是能夠被遏止的。

我們也一定要除掉暴戾的行為、表情和肢體動作。溝通不是只有語言和聲音，這跟你全身上下都有關係：大力地摔門、重重地跺腳、亂扔東西，這些舉動都在表達我們的情緒。聖經談到「高傲的眼」是神非常厭惡的（箴言6:16-17），當孩子對我們和其他人翻白眼時，其實顯露出他們內心的輕蔑和無禮，我們一定要認清這種態度，挑戰他們除掉這種行為。

培養尊重與感謝

這是在家庭生活中建立尊重的第二步。前一段我們提到除掉惡行的必要，現在我們要談如何用善行來取代它。

家庭敬拜是教導孩子們如何互相尊重很好的時間，我和蕾兒盡其所能地找出所有聖經故事和經文，幫助孩子明白這是個好習慣，在想法和行為上都極其重要。尊重和感謝不會無緣無故地發生，每個家都有自己的仗要打；其實最重要的，就是我們對孩子到底有怎麼樣的期望，並且努力不懈地訓練他們。有時候，我們感覺好像在打一場穩輸的戰役，但是只要我們繼續堅持、不要放棄，最終的獎賞一定是平安與喜樂的果實，再多的辛苦都值得。

培養彼此尊重的另一個方式，就是鼓勵孩子多用言語表達。家庭敬拜的時間也很有幫助：在家庭敬拜中，我們常用一段時間來「彼此造就」，我們會圍成一圈，讓每個人都有機會輪流分享，稱讚其他的家庭成員；我們會分享在彼此身上（包括爸爸媽媽）所看到的改變與成長；我們也會有「感謝之夜」，針對家人一些具體的言行，表達我們的感謝。

有時候，當這樣的聚會開始時，大家的心情一點兒也不開心，更沒什麼想感謝的；但是當我們開始鼓勵彼此，大家的精神馬上就來了，悶悶不樂的心情被熱情的擁抱和欣喜的眼淚立即驅散。神早就設計好，當我們受到別人的尊重和感謝時，就會茂盛地開花結果。鼓勵你的家人開始這樣做，然後你會看見你們家的氣氛變得喜樂洋溢、生氣盎然。

「良言如同蜂房，使心覺甘甜，使骨得醫治。」（箴言16:24）

在我們進入到下個主題之前，還有最後一個簡短的建議：教導年長的孩子如何帶領年幼的弟妹，並且教導年幼的孩子如何順從年長的兄姊。你的家庭成員愈多，這方法就愈有幫助。

2. 敞開心胸，無話不談

「惟用愛心說誠實話，凡事長進，連於元首基督。」（以弗所書4:15）

一個家庭的關係要緊密，大家一定要能夠自由自在地表達自己的心聲。有很多人都不知道，其實孩子們內心的沮喪和絕望，是來自於他們沒辦法很自在地跟我們坦白自己的心事。我們應該隨時歡迎孩子來找我們聊，讓他們覺得不論心裡有任何事，隨時都可以坦然無懼地向父母述說。

孩子有話想對你說的時候，你要聚精會神地看著他們，慢慢地聆聽、了解，好好思考之後再給意見；即使是讓人不悅的事，也要給他們機會把整件事都說完，不要聽到一半就匆匆打斷下定論，一下子就生氣，或是神經兮兮、反應過度。

孩子們需要說什麼呢？年紀小的孩子，小腦袋瓜可是有一大堆的事情需要你的幫忙；也許是小小心靈受傷了，而你可能就是那個傷害他們的人；或是和兄弟姊妹、自己的玩伴，一直有些困難解決不了；也可能是自己的課業或與老師之間出了些問題，甚至被壞同學欺負；有的時候，他們會因為一些事而良心不安，即使是好幾天前的事，也需要向我們坦白。他們的話題從最瑣碎到最嚴重的都有，而我們都必須一一傾聽。

那孩子年紀大一點呢？怕你不知道，我先告訴你好了。孩子年紀愈長，問題只會愈嚴重，所以愈早建立坦白的溝通習慣愈好。他們面臨的問題可多了：約會、性、毒品、朋友間的衝突、怪異的思想、成績、外貌，還有屬靈生命的問題。處理這些事真的非常累人，但是能和孩子一起坐下來，推心置腹地溝通這些問題，並且享受之後的心靈相連，真是再棒不過的了。（在第十二章會介紹更多如何與孩子有推心置腹的交心對談。）

並不是只有父母和孩子之間才需要坦白，孩子們之間也需要彼此坦白，若是孩子之間的問題和衝突在內心慢慢累積，一定會破壞家庭的團結和合一。我出社會工作之後，非常驚訝地發現，有很多人從小就和自己的兄弟姊妹形同陌路。你得下定決心，不要讓這件事發生在你的孩子之中。

我和蕾兒訂下一個規矩，就是絕對不讓孩子之間的衝突懸而未決。當我們發覺有問題時，會讓孩子們自己去溝通，通常他們都會處理得很好。有時候我們還是得居中協調，但是通常孩子們自己會解決，而他們談完後都會面帶笑容，開開心心地和好如初。

當然，孩子總是有些時候不想對我們坦白，另外有些孩子天生就比較難表達自己的情感。但是，如果我們讓孩子習慣於悶悶不樂，總是懷著怨恨，又不願意吐露自己的真心話，那這個家就像坐在定時炸彈上一樣，遲早會爆炸，然後每一個人都會受傷。

仔細想想聖經裡兩個最悲慘的人：掃羅王和加略人猶大。掃羅是個鬱鬱寡歡的人，飽受嫉妒和猜忌的折磨；他沒有誠實面對這些試探，反而壓抑自己的感受，看看撒母耳記上第十八章，我們會發現他一直都口是心非，（你的孩子是這樣嗎？）他內心的混亂不減反增，導致他的情緒和靈性完全崩潰。

猶大也有類似的狀況。讀一下福音書，找找猶大所說的話，你會發現他幾乎沒說半句話。反觀彼得，坦率得過了頭，動不動就說錯話，幾乎每一頁都有他惹的麻煩。這兩個人各自有軟弱，但是哪一個人得勝了呢？是那個凡事坦白的人！

身為父母，不管孩子老是口沒遮攔，還是總是閉口不言，我們都應該要同樣地關切；前者很容易好好矯正，但是後者活在孤立之中，他們內心的問題往往沒有好好地解決。

在家庭敬拜的時間裡，讓一家人自在地坦白自己的心聲，消除彼此內心的猜忌，建立起開放和自由分享的氣氛，讓每一個人都可以盡情表達自己的想法，你不但不會因此失去你的威信，反而會建立一個開心、輕鬆，又充滿公義的家庭。

3. 架構

「架構」的意思是說，在我們的家庭時間表中，建立起架構和規律。一個家若是要緊密結合，一定要安排規律的時間聚集，這些時間內我們會建立起認同感、一份「我們」都屬於這個小團體的感覺。這份彼此相屬的感覺，讓我們有身為一家人的歸屬感，而這真的是世界上最幸福的感覺。

我很擔心有些人連我們要努力什麼都不太清楚。我們自己的成長背景中，可能完全沒有體會過家庭的歸屬感，所以我們的腦海中也沒有清楚的畫面。不過可別洩氣，只要我們願意試試，我們可以學習。我們該如何為這個家建立起架構，讓我們緊緊相屬呢？讓我提供幾個方式吧。

利用用餐時間

我們每天總要吃飯，那就一起吃吧！讓我們順著生理時鐘，自然地放下手邊的工作，一起聚在餐桌前，好好吃頓飯，並且享受彼此間的談天。

我們家很喜歡一起用餐，不過由於孩子們在學校有不同的時間表，不太可能一起吃早餐和中餐，所以我們決定每天一起吃晚餐。一直到今天，孩子們對以前家庭晚餐的時間，還是充滿懷念呢！

讓我給你些實際的建議：

試著讓大家都到齊，不要讓別的事情侵占一家人晚餐的時間。一起坐下來好好吃頓飯，把電視和手機都關掉，隨身聽、耳機也拿下來，這樣，一家人才可以好好交談！

晚餐的交談，其實是需要學習的藝術。有時候大家七嘴八舌，你自己也好像心不在焉。我們家有一次晚餐時發生了這樣的事：當我們兩歲的小兒子佑恩突然轉過來問我說：「把拔，那你今天發生了什麼事呢？」我們大家忽然都明白了，這個問題變成我們家的標準程序，我們分享對自己特別重要的大事，讓它變成固定的習慣。孩子們愛死這個了，他們甚至會預備每天最特別的事情，保留到這段時間跟全家人分享。

看起來很簡單，不是嗎？也許太簡單了一點，不過一個家庭的架構，就是在這些簡單的事情中建立起來的，而美好的回憶就是在當中不斷產生。訂下你們的晚餐時間，並且尊重這段時間。這是說，大家都得好好地坐在餐桌前，一起吃飯聊天，而不是把飯煮好了，大家看自己什麼時間方便再去取用；也不要在晚餐時間做各自的事情：看報紙、看電視，甚至是做功課都不行；嚴禁把東西裝在盤子裡帶回自己的房間吃；不要在晚餐時間安排事情或是和別人有約；也不要講任何電話。讓晚餐時間成為重要的事件，努力讓這個時間變得很特別，你會發現你們家更加緊密！[1]

建立你們家的傳統活動

我們的家庭應該做些只有「我們家」會做的事，這些事會讓我們很特別地連結在一起。這些活動不需要很複雜，

註1：有的家庭可能需要更有彈性和創意。你們的工作和責任，可能讓一家人連聚在一起吃晚餐都沒辦法，不過一起用餐的時間絕對不能犧牲。這段時間全家人都要充滿期待，並且全心投入。我們要避免讓社會或是你自找的壓力破壞了家庭生活，如果額外的課後活動和加班使得家庭生活被影響，我們需要誠實地評估這些活動和工作的價值，並且做出必要的改變，使得我們能夠建立緊密相連的家庭。

也不需要花很多錢，也不一定要用很長的時間。你不用花很多精神策劃家庭傳統，這些活動有點像是自己形成的。

在我們家，禮拜六早上有空的話我都會做些煎餅，全家人都很愛吃；當然我不可能每個禮拜都做，因為禮拜六通常都有很多活動。但是只要我有時間做，全家都會開開心心地聚在一起，孩子們起床後看到我在做煎餅，就會過來幫忙，我很珍惜這些美好的畫面：每個孩子穿著睡衣，坐在廚房的桌子前，幫我拿著電動攪拌器，把麵糊弄得到處都是，煎餅裡沒有什麼特別的祕方，但是全家都熱烈地捧場。蕾兒最高興了，她只要坐著聊天，享受美味的煎餅，連盤子我都會幫她洗得乾乾淨淨！

生日和特別節慶

好好讀讀舊約，看看神在一年之中，如何為祂的子民規劃的節日和慶典。你明白了嗎？我們需要節慶和紀念日，這些特別的團聚時間，會讓全家人整年都充滿期待。

我們家很重視每一個人的生日，不一定每次都會舉辦盛大的慶生會（一年四次，我們的荷包也吃不消），但是每個人的慶生會都很特別。當我們一起把蛋糕吃完，禮物也都拆開之後，我們會把壽星圍在中間，分享我們喜歡他什麼。這讓生日不只充滿禮物，還有許多歡笑和淚水，更有愛的回憶，是沒有任何事物可以取代的。如果我們沒錢買禮物，我們還有這個美好的傳統，讓全家每個人都覺得倍受祝福和鼓舞。

我不知道你們家有沒有特別喜愛的節日，我們家可是一直都最愛聖誕節，孩子們列出一大串聖誕節的行動清單。第一件事就是全家一起買聖誕樹，每一個人都得同意要買這一棵，這可是個重大的決定，然後大家必須繞著這棵聖誕樹玩躲貓貓。

當我們把聖誕樹搬回家後，全家人會一起吃一頓辣椒餐，然後男生會負責把聖誕樹架起來，把燈飾掛上去，媽媽和所有的孩子一起裝飾。等到聖誕樹弄好了，家裡的燈會全關上，只剩下聖誕樹的燈閃閃發亮。我們全家人坐在我們美麗的精心傑作之前，一面充滿讚嘆地欣賞，一面吃著香噴噴的蛋酒烤土司。

要我記起所有的細節，還真的有點兒麻煩，不過重點是，我們需要特別的時間和傳統來「定義」這個家，這些事情讓我們知道自己的身分，是一年之中很棒的里程碑。這些傳統是我們所珍藏的回憶，並且很可能會傳給下一代。

4. 家庭氣氛

在這裡我指的是整體的氣氛，是我們每天身處在這個家中的感覺。一個家庭要親密，氣氛一定要正面、令人愉快；當一個家的氣氛很差時，絕對不可能會團結一致和緊密相連。如何創造這種氣氛呢？

樂觀和喜樂的基本態度，是美好氣氛的必須要素。我們在家裡應該要有這樣的信心：「神與我們同在，生命是很棒的！不論發生什麼事，我們都要一起攜手前行！」生命有時候的確很困難，對父母和孩子而言，都會有很多挫折、沮喪和失望，如果我們每天都信靠神，堅持我們的信心，就算只是微不足道的事情，全家也會因此更靠近彼此、更有信心。

身為家庭的領導者，父母親要負責建立家庭氣氛，如果我們消極又負面，那麼這個家也不會彼此親密。當我們焦躁不安、憂鬱悲觀時，我們沒辦法為這個家點燃鼓舞的火花，沒辦法讓大家凝聚在一起成就大事。

也別讓壞脾氣、個性負面的孩子破壞全家的氣氛，如果你讓一個整天繃著臉、只會發牢騷的孩子，破壞全家人快樂的時光，那可是再糟糕不過了。沒有人想跟這種人待在一塊兒，如果有人老是在一旁皺著眉頭、很不開心的樣子，孩子們也不會喜歡聚在一起用晚餐或是家庭敬拜，處理這種態度會耗費你非常多的愛心和精力，但是絕不要放棄，不要對抱怨的態度妥協。

如果我們想要促成甜蜜的家庭氣氛，只有樂觀和喜樂還不夠，還需要很多的樂趣和歡笑；我們要放寬心、輕鬆下來，營造一些很棒的時光，特別當家裡遭遇困難和挑戰時。

想想這些經文：

「心中喜樂，面帶笑容；心裡憂愁，靈被損傷。」（箴言15:13）

「困苦人的日子都是愁苦；心中歡暢的，常享豐筵。」（箴言15:15）

「眼有光，使心喜樂；好信息，使骨滋潤。」（箴言15:30）

「喜樂的心乃是良藥；憂傷的靈使骨枯乾。」（箴言17:22）

在我們家，我們做了一大堆的事讓大家盡情歡笑，有時候晚餐時我們會有「笑話之夜」，每一個人都要說個最新的笑話，有些真的冷到不行，但是這就是最好玩的地方。孩子們還會拜託我們說一些講過上千次的老笑話，他們特別愛聽我以前做過的蠢事和糗事。

光是聚在一起盡情歡笑，就可以讓一個家庭變得非常親近，如果我們可以和彼此一起開懷大笑，為別人而笑、為自己而笑、為生命而笑，我們就會很靠近。歡笑有一種神奇的力量，可以打破每個人的藩籬，讓我們很真實地呈現自己，一點兒也不用硬撐，這些時間可以幫助每一個人覺得自己在這個家是被接納和被愛的。

除了無形的氣氛之外，家裡的布置也要令人愉快才行，如果一個家的布置很明亮，令人賞心悅目，會讓每個人都覺得很幸福。我們需要保持家裡的乾淨和整潔，如果家裡看起來就像剛被炸彈炸過的樣子，實在很難令人覺得開心。灰塵、髒污還有亂七八糟不會營造親密的氣氛。當你們家的環境表達出「我不在乎」時，你們也不會在乎住在當中的人。

如果神很在意祂家裡（聖殿）的外觀和優美，我們也該在乎自己家裡的環境。我太太非常厲害，這裡放個小東西，那裡換個新花色，只要一點兒小錢，就可以把家裡變得煥然一新，讓我們非常喜愛住在家裡。我們不需要花大錢，也不需要把神拋在一旁，就可以有一個很漂亮、很吸引人的家，只要多動動腦，花點兒力氣就行了。

ꕥ

在這個充滿分裂和孤單的世界中，一個緊密相連的家庭是我們最大的祝福之一，這需要投入你的一生去努力經營，但是世上沒有比這更偉大的獎賞了。

詩人大衛說得好：

「看哪，弟兄和睦同居是何等地善，何等地美！……因為在那裡有耶和華所命定的福，就是永遠的生命。」（詩篇133:1、3）

11 憂心忡忡的父母

「所以，不要憂慮說，吃甚麼？喝甚麼？穿甚麼？這都是外邦人所求的。你們需用的這一切東西，你們的天父是知道的。你們要先求他的國和他的義，這些東西都要加給你們了。所以，不要為明天憂慮，因為明天自有明天的憂慮；一天的難處一天當就夠了。」（馬太福音6:31-34）

現代的父母總是憂心忡忡，我的意思是說，真的非常、非常地擔心和煩惱。我以為我們這些在四〇到六〇年代嬰兒潮出生的人，早已在憂慮指數方面創下了不可思議的超高記錄，應該沒有任何世代可以超過我們了吧！但是，我很汗顏地說，比起現在這個世代，我們可是遠遠落後哩！現代父母的「偏執狂熱」，讓我們這些上一代的父母望塵莫及，他們把憂慮的方式提升到我們做夢也想不到的地步。

我想我們不應該覺得訝異，孩子們總是會把父母親的缺點放大。任何在孩子幼稚園畢業就讓他們穿戴正式的畢業禮服，還頒發畢業證書的世代，一定有些嚴重的問題。

希望你們原諒我上述如此無禮的評論，並請相信我對這個時代父母的犧牲奉獻真的相當激賞，令人瞠目結舌的犧牲奉獻。

但是，父母親們，我們超過太多了！是退一步、大口深呼吸，然後好好評估狀況的時候了。這樣的憂慮是來自於兩大根源：被世界同化，還有和世界競爭。

被世界同化

神的子民理當要和這個世界有所不同，我們應該要讓神**改造**我們，而不是被這個世界**同化**：

「不要被這世界同化，要讓上帝改造你們，更新你們的心思意念，好明察甚麼是他的旨意，知道甚麼是良善、完全，可蒙悅納的。」（羅馬書12:2；現代中文譯本）

耶穌呼召我們要與這個世界有所不同：

「我不求你叫他們離開世界，只求你保守他們脫離那惡者。他們不屬世界，正如我不屬世界一樣。」（約翰福音17:15-16）

彼得說我們在這世上是客旅、是寄居的（彼得前書1:1，2:11），雅各和約翰也警告我們不要愛這個世界，不要與世俗為友（約翰一書2:14-16；雅各書4:4）。

但是神的子民所遭遇的試探，一直都是被這個世界融合和同化，其實應該要反過來才對。

這個世界對我們影響最大的，就是如何教養孩子。我們必須要好好維持屬靈原則的優先順序，只要稍加不慎，我們就有可能自然地隨波逐流而忙得團團轉，忘了屬靈優先次序和聖經的原則。

耶穌在馬太福音第六章說外邦人心急地「追逐」這些錯誤的事情，祂說這話時，犀利的眼光好像正在盯著我們這些憂心忡忡、神經兮兮的父母們，而我們本該比外邦父母親做得更好才對。

和世界競爭

造成父母親憂慮症候群最主要的原因之一，就是和其他家庭還有父母們爭相比較。只要我們覺得自己的孩子比不上人家，內疚的警鈴就立刻被觸動；只要孩子沒有達到我們自己設定的超高標準、沒有超級優異的表現，我們就認為自己是「非常差勁的父母」。

所以，我們以為孩子絕對不能漏掉世界上任何一場活動、任何一個社團、任何一種運動訓練。若是你也採取這種極端路線，那麼養育孩子的重點其實是我們自己，而不是孩子；我們只是渴望證明自己很行，而不是因為深愛孩子、想幫助他們發揮神所給予的恩賜。

這些把孩子逼到極限的父母，通常都是沒有實現個人夢想而有強烈遺憾的人，我們自身的不安全感不自覺地驅使著我們利用孩子，想讓我們感覺自己還算不錯。

每個時代都在變，有時候變得比較好，有時候則變得更糟。以前我在玩橄欖球時，我爸爸一場比賽都沒有來看過，其他男孩的父親也沒有，我不知道原因，不過反正大家都是這樣。我爸會帶我去打獵和捕魚，但是一場橄欖球賽都沒來過，我也不覺得有什麼大不了的，這不過就是我們男孩子自己的事。

今天，不管是爸爸還是媽媽，都覺得他們得參加每一場比賽，而他們的孩子可能都參加不同的聯盟，如果漏掉一場，他們就開始覺得自己不夠支持孩子。就算你累到骨頭都散了，或是該出席其他的活動，你最好乖乖出現在孩子的橄欖球場旁，不然別的父母可是一挑眉，就會讓你內疚得不得了！停、停、停！我們可不可以先暫停這種想法呀？

我們難道不能在球季開始前，就好好地對我們孩子解釋，爸爸媽媽有時候可能沒辦法參加他們的球賽？來點創意吧！也許我們可以和其他可信賴的父母組個團，輪流出席和接送彼此的孩子參加比賽，也幫個忙彼此照料一下。

冷靜地想一想，長遠來看，如果不要逼自己把時間表塞到爆，我們難道不會成為更好的父母嗎？而且，讓我們的孩子知道，地球不是繞著他們還有他們的活動在轉，不是對他們更有幫助嗎？

耶穌在登山寶訓中指出，屬世的人充滿了擔憂，他們擔心沒飯吃、擔心沒衣服穿、擔心明天該怎麼辦，擔心所有的一切。

但是屬靈的人也會擔心，特別是擔心自己的孩子。表面上看起來，擔心子女好像是父母應有的責任，但往往在養育孩子方面暴露出我們仍然戀慕這個世界。

學校成績和表現

只有我這樣嗎？還是大家都覺得學校功課真的太重了？以前的小孩下課後，通常都可以先放鬆一會兒；也許去騎騎腳踏車，或是去後院玩一玩，吃個小點心，來點小樂子。但是在今天這個社會，如果孩子這樣做，在成績上很可能就要倒大楣了，才小學一年級就這樣耶！

課業學習基本上是個性的問題，孩子要做好老師指定的功課，並且全力以赴。這是關於負起簡單的責任：

「無論做甚麼，都要從心裡做，像是給主做的，不是給人做的，因你們知道從主那裡必得著基業為賞賜；你們所事奉的乃是主基督。」（歌羅西書3:23-24）

如果你教導孩子在學校功課上要持續不斷地努力，好好負責任，通常學業成績應該會不錯。只要孩子有用功和良好的學習態度，你就別太擔心成績和分數了。如果孩子已經盡力，好好鼓勵他們，通常只要盡力，他們在班上都會滿優異的；但是如果你對分數錙銖必較，那孩子和你自己都會備受壓力，成績通常也會很糟。

當孩子把學期成績報告拿回來時，我們總是特別注意他在「品行」這方面的成績，這才是他人生最重要的分數，可以直接反映出他的品格。這個分數傳達出我的孩子是怎麼樣的人，而不是他做到什麼事；只要這方面的成績很高，學術方面的表現也自然會很出色。

如果他們的表現有問題，你需要好好地處理。也許你的孩子需要跟老師談談需要怎樣的幫助，也許某個科目不是他們的強項，也可能他們就是沒什麼興趣和動力。無論如何，總有些事情是你可以幫助他們好好分析並改善的。

我的兒子佑恩非常不善於組織，對於做功課很頭痛，他總是浪費一大堆的時間在一些不重要的細節上，常常一個晚上下來，其中一項功課做得太過精細，而另一項功課卻還沒開工。他會卡在某個點上，好像只要一直生氣地盯著課本，問題就會解決似的。

我們發現我們要做的，並不是陪他做功課，或是幫他做功課，而是幫他學習如何讀書，並做好時間管理。蕾兒每天下午都幫他設定好大略的時間表，大概是這樣：數學二十分鐘，歷史二十分鐘，三十分鐘準備下週要交的報告。為了幫助佑恩養成習慣，我們給他一個定時器，讓他設定鬧鈴，時間一到，就算他手頭上的科目還沒完成，也得前進到下一科。

一直到學期末，他再規劃出一些時間來完成他還沒做完的。他常常發現過了一陣子之後再回頭來看，會讓他有不同的觀點，輕而易舉地就解決之前卡了半天的難題。

我記得有一個父親跑來跟我說，他兒子每天晚上花好幾個小時，功課卻還是做不完，他好像就是沒辦法加快動作，完成該做的作業。他的成績很慘，而且變得愈來愈不快樂，因為他每天的時間都拿來做功課，其他什麼都不能做。

我建議這位父親好好看看他兒子的功課內容，並且給他合理的時間限制，時間到了，他就必須結束，之後就可以去玩、和其他家人聊天，好好放鬆一下，或是做點家事，就是別再唸書了。

幾個月之後我去找這位父親，他很開心地回應說，設定時間限制就像魔咒一樣有效，幫助他兒子變得很專心，他的效率開始增加，分數也提高了，而且他的生活也變得有趣多了。

讓我說得明白些：不要「**為**」你的孩子做功課，也不要「**陪**」他們做功課，這樣對於他們的學習和自律一點幫助都沒有；不用忙著參與他們做功課的過程，讓他們在自己的房間或是安靜的環境，自己一個人好好做功課。

如果你讓他們在飯桌上做功課，以便你好好監督他們是否認真，你是在妨礙他們學習自律，也會把自己累死。別這樣，讓他們學習自己做功課。

如果孩子功課總是沒做完，或是成績單總是很難看，找出原因並採取適當措施來解決問題，但可不是像架直升機一樣在他們頭上盤旋，或是像隻看門狗一樣死守在他們身邊，有其他的事可以幫得上忙。[1]

你可以設立一套獎勵制度來鼓勵他們。我們家的孩子長大後，我們答應他們只要學期末有好成績，就可以去我們家最愛的牛排館吃大餐。

註1：關於功課這個主題的延伸閱讀，我們推薦約翰・羅斯蒙（John Rosemond）的著作：《如何誘導孩子做功課》（*Ending the Homework Hassle*）。

當然還有其他的方式，你可以鼓勵他們去和老師談談，或是請個家教幫助他們。

這不是說你不可以自己幫他們解決問題，或是幫他們完成報告；這是說我們不能、也絕對不要主動為他們做功課，也不應該自找麻煩，讓自己為孩子的良知負責任。那麼，孩子成績不好到底該怎麼辦？爸媽們，這又不是世界末日！成績不過就是用來讓孩子知道自己幾斤幾兩重，然後鼓勵他們做得更好的嗎？

普普通通或是很爛的成績，反而具有神奇的功能，孩子們遲早會學到：他們得好好用功、全力以赴，不能再混水摸魚了。好好用功是有回報的，不只是好的分數，還有別人的讚美、鼓勵和一些特權。

我知道對很多人來說，我的說法就像可怕的褻瀆，這和許多父母的做法完全背道而馳，他們給自己和孩子強烈的壓力，在孩子的課業中無比忙碌著。我想說的是，當我們提供孩子所有的刺激和鼓勵，而我們自己對他們的功課事必躬親、連雞毛蒜皮的細節都要管的時候，其實剝奪了孩子自我激勵的機會；當我們在他們身邊徘徊流連的時候，會讓孩子忘了自我要求和訓練。當我們讓孩子的生活被功課占滿耗盡時，其實剝奪了他們學習的樂趣和童年的歡樂。

體育活動

孩子們的體育活動像雨後春筍一樣，變成大量競賽、聯盟和季賽的結合。十幾年以前，大部分有規模的體育活動都在學校內舉行，而且通常是在當地的比賽場地和附近社區的孩子來個對抗賽。

那個時候，大部分孩子是透過在家附近的遊戲來進入一項運動的。這種小型比賽沒有教練，也沒有正式的比賽場地，就在街上找塊空地將就用一下，規則自己訂，隊長自己找隊員，或是大家報個數就分隊，沒有什麼季後賽、冠軍賽，玩膩了，換種運動就行了。

而且有許多比賽都是不計分的，像是躲避球、紅綠燈、捉迷藏、衝破防線等等，大家就自己任意發明，而且通常這種比賽都是最好玩的。沒有穿著制服的裁判在那邊吹哨子，大家得自己想辦法調停紛爭，很多時候也談不攏，反正重新開始一場新的比賽就好了。

這類型遊戲的優點實在太明顯了，孩子們可以發揮他們的想像力，也學習團隊合作。他們的腦筋可以好好放鬆一下，不用一直被大人控制和引導，他們可以自由自在地奔跑。最重要的是，他們可以……作個孩子。

不要誤會，我不是說那些有組織的運動不該存在，也不是說我們得讓時光倒流回到從前；我的意思是說，過度的安排、填鴨式地塞滿我們和孩子的時間表，反而會揠苗助長、適得其反。這會把我們的生命都燃燒殆盡，最慘的是，這會使我們的孩子喪失無憂無慮的快樂童年，並且一併扼殺了他們這一生最幸福的回憶和成長的機會。

讓我們先退後幾步，看看整個畫面，這些體育活動的目的到底是什麼？

玩得開心

我們是不是忘了運動最單純的目的了？運動本身就是樂趣！我們不是只為了要贏或是計較分數才運動，運動本身就是好玩又有趣。運動最熱烈時，充滿了興奮、瘋狂、歡笑、鍛鍊、拚勁、燃燒活力，還有生命中單純的生氣蓬勃。孩子需要為了玩而玩，並非每件事都那麼重要。

我們住在邁阿密時，我擔任一個足球隊的教練，成員是九到十一歲男孩子。就像我之前在書中提到的，每次球季開始前，我都會向隊員的父母來場演講，我會列出這個球隊的優先順序。最重要的是什麼呢？好好地玩！我們發現男孩都是找樂子的專家，但他們的父母可不是。當中有些父母親，會讓你感覺攝影機鏡頭就在一旁緊緊地跟著，而金牌是否能到手真的岌岌可危！

我們聯盟的其他隊伍，有很愛發火和咒罵的父母，會痛罵自己的孩子和其他隊員，但我們隊上可是完全沒有，我們不准這樣的父母靠近球場旁邊。那麼我們贏了幾座冠軍盃呢？比我們想像中的多太多了，但是最重要的是，我們玩得很開心，而那些孩子們到今天都還牢牢記著這份興奮呢！

交朋友

孩子之間交朋友最好的方式，就是運動了；藉著玩在一起，他們培養出並肩作戰的同袍感情，隊友之間的情誼可是比誰輸誰贏的記憶還要長久得多了。

我們家的三個大孩子在高中時都參加了越野賽跑，他們沒有一個人是運動明星，但是他們愛極了和其他隊友一起玩。我們到現在都還和一些隊友的父母親保持連絡。

團隊合作

運動最棒的價值之一，就是學習如何在團隊中互相謙讓。每個隊上總會有人比你的孩子強一點、或是弱一點，這是教導孩子敬佩與尊重別人才能的絕佳機會。這可以幫助孩子們了解每一種才能包括運動天分，都是神所賜的禮物；而如果別人的天分比他好，他可以為他們高興，不要眼巴巴地忌妒別人。

這也可以幫助孩子學習如何鼓勵其他先天不足的人。我們可以教導他們，雖然一個隊上有人最強、有人最差，但是每一個人都很重要、都占有一席之地。如果我們教導孩子學會鼓勵並支持能力較弱的隊友，那他們往後會更棒。

學習接受輸贏

運動一定有輸有贏，而孩子們需要學習良好的運動家精神，有風度地接受不同的結果，贏了不要一副洋洋得意的樣子，輸了也不用垂頭喪氣，這些功課連許多大人也沒學好呢！

我們的老大莉莉是我們家第一個參加越野賽跑的，她的好勝心一直都很強，做什麼都要贏過別人。她才第一次參加比賽，就立下志願一定要進入「前七強」。（她的學校每次大約有四十個女生參加比賽，但是只有前七名的分數才列入團體比賽的記錄。）

莉莉慫恿一個很年輕的鄰居女孩和她一起參加，沒想到這個小女孩天賦異秉，居然成了整個州前幾名的跑者，這對莉莉進入前七強雖是一大阻礙，但是對整個團隊卻是一大利多。（莉莉的教練因為她網羅這名高手而愛死她了！）

莉莉努力地鍛鍊自己，不斷地練習、犧牲、禱告，並且朝著她的夢想努力前進，但是她慢慢感覺到，無論如何她就是達不到自己的目標，她永遠是第八名，而這是她在學校的最後一年，也是最後可以達成夢想的機會了。沒想到，她們隊上一個前七強的女生因為受傷棄權，她因此夢想成真地進入前七強；更棒的是，她的隊伍有很大的機會贏得季末的地區大賽。看來她的禱告被應允了，一切終於照著她的心願發生了。

但是隨著比賽的日期愈來愈近，那個受傷的隊友也逐漸痊癒，並且恢復練跑。莉莉的教練跟她說，就算那個女生完全痊癒，他覺得莉莉的犧牲奉獻為她自己贏得了參加地區大賽的資格，他向她確保她的參賽權。

莉莉開始躊躇，她知道如果讓那位女生去跑，她的隊伍勝算會比較大，她為此強烈地掙扎著。最後，她自己跑去跟她的教練說，為了整個隊伍的勝算，她要放棄參賽資格。

她的教練、隊友還有所有隊友的父母全都驚訝不已。我最近還聽到，她的教練在每一季的季初訓練時，都還在傳頌著莉莉的傳奇故事：那個全力鍛練自己、滿心渴望參加地區大賽的女孩，為了整個學校的好處，自願放棄參賽資格。

莉莉雖然放棄了她人生最輝煌的一場賽跑，卻為她自己、為她的隊伍還有耶穌贏得了更棒的獎盃。這個決定，幫助她樹立了人生未來要走的方向。

在喜愛的運動中鍛鍊好技術

運動也是一種學習，不用多作解釋；它可以幫助孩子學習新事物，有些很容易，有些很難。如果孩子們不斷進步，並且充分發揮他們的潛能，他們就得到了一些很有價值的事情。如果我們能藉著運動幫助孩子體會一分努力、一分耕耘，運動會是很棒的自信促進劑。

保持均衡

近年來，各種運動聯盟如雨後春筍般冒出，壓得孩子和父母親都透不過氣來，如果你還不只一個孩子，那又更加悲慘了。我們有四個孩子，每一個在成長過程中都投入某項運動，當我們的時間表愈來愈緊湊時，我們訂了一條家規挺好用的，那就是：**每個孩子一個時期只能參與一項運動**；並且我們又加了一條：如果你想參與另一個繁重的活動（像是學校戲劇公演），那個球季你就只能坐在場邊加油，別想加入。

我只是想實際一點。爸媽們，我們都必須做一些實際的決定，是的，你可以自己做決定，不用跟著其他家庭隨波逐流；你可以自己決定你要怎麼樣的人生和家庭，孩子的體育活動是你家的僕人，不是主人。

我們家的大緯很會踢足球，他大可以有很棒的發展，但是如此一來他就必須參加菁英巡迴隊，這樣會造成我們時間表上更大的壓力。我們還有其他三個孩子，每一個也都有自己想要做的事情。我們希望這個家是很緊密、很團結的；但是最重要的是，我們希望這個家在屬靈上很強健，我們做了一個很困難的決定：**放棄菁英巡迴隊**。

大緯後來決定參加越野賽跑，他跑得很好，並且在隊上結交了許多很棒的朋友；他還有多餘的時間參與其他活動，像是學生自治會、戲劇公演和辯論社，這些活動都大大地豐富激勵了他的生命。雖然大緯（還有我！）都是那種競爭心很強的傢伙，我們常會偷偷地想，如果大緯繼續踢足球，不知道會有怎樣的成績，但是我們對這個決定從來沒有後悔過。

有些家庭可以參加很多活動，仍然維持強健的屬靈緊密家庭連結，但是我們知道如果時間表更滿，我們家不可能維持那最優先、最核心的事情，所以我們做了這樣的決定。身為父母的挑戰，就是要誠實地評估，如果耶穌是一家之主，我們該怎麼做，讓這也成為你評估的原則吧！

我們家的另一個決定就是，教會活動永遠優於運動競賽。我們的孩子不可以為了球隊訓練而錯過教會的週間聚會，我們在孩子還沒投入一項運動前就和他們討論好這件事，並且很早就決定要這樣投入教會。球季一開始，我們或孩子自己會讓教練知道，我們就是這樣的家庭，孩子會非常忠誠地投入這個球隊和訓練，但是，教會絕對是第一。

有些時候總是會有些小狀況，但是從來不會變成什麼大問題。如果遇到冠軍賽這一類的大事，我們偶爾也會破例，但是這種情況非常少。我們的孩子會贏得教練和其他隊友的尊敬，但是最重要的，他們會學到生命中最重要的是什麼。

總結：優先順位和生活步調

我們在這章講述的內容，可能是生命中最重要的議題：優先順位。我們大部分的人都同意神的目標比我們個人的重要多了，同意耶穌應該在世界一切的事上居首位，也同意建立相愛緊密的家庭才是最重要的事。對大部分的人而言，要認同這些事並不困難，但是如何在現實世界中實踐卻是個大問題。

仔細看看耶穌關於優先順位的教導（粗體字是我想強調的）：

「所以我告訴你們，不要為生命憂慮吃甚麼，喝甚麼；為身體憂慮穿甚麼。生命不勝於飲食嗎？身體不勝於衣裳嗎？你們看那天上的飛鳥，也不種，也不收，也不積蓄在倉裡，你們的天父尚且養活牠。你們不比飛鳥貴重得多嗎？……**你們要先求他的國和他的義**，這些東西都要加給你們了。所以，不要為明天憂慮，因為明天自有明天的憂慮；一天的難處一天當就夠了。」

耶穌並不是說飲食和衣裳不重要，不需要我們去掛念，祂是說這些不是「**最重要的**」；祂也不是說我們除了求祂的國以外什麼都不做，而是說我們要將之擺在「**第一位**」。坦白說，許多家庭都是從這裡開始走岔的，我們並不是一點兒都不愛神和祂的國，只是神和祂的國度並不是我們的「**最愛**」。我們在情感上也許會說，神還有教會當然是我們最珍惜重視的，但是我們的行事曆是怎麼說的？當時間壓力來臨時，我們的選擇又是什麼呢？

如果我們開始為了學校課業而讓孩子留在家裡，不去參加教會聚會，我們真正在乎的是什麼？還有，我們的信心在哪裡？你可以用熟悉的那一套來為自己辯護：「我們不想變得像法利賽人一樣只重律法。」我也希望你不要，但是據我的觀察，通常這些小小的妥協都會逐漸擴大，有一天，當我們醒來後，會發現自己正擁有不冷不熱的基督徒生命，只是一個有名無實的教會成員，甚至變成了所謂的「禮拜天基督徒」，然後我們會開始納悶，孩子們對屬靈的事務怎麼一點興致都沒了，那時可是後悔也來不及了。

我們可以決定我們要成為怎麼樣的家庭，我們不用像周遭的人一樣過活；事實上，如果我們要活出基督徒的生命，我們「**絕對**」不能像周遭的人一樣過活。

讓我們清清楚楚地訂定好我們生命的優先順位，讓學校課業和體育活動在它們應有的位置上，它們不是生命中最要緊的事，也不是生命的最終章，耶穌和祂的教會才是。就算我們的孩子沒擠進明星學校，或是成為運動明星，那又怎麼樣？過了五年、十年、二十年後，到底什麼是重要的？我們大部分的焦慮不是來自於錯亂的優先順位嗎？我們許多的擔憂，不就是因著錯誤的目標和期望所產生的嗎？

我們活在一個充滿危機的時代，對錢財的不安全感、衰退的世界經濟，都讓我們身為父母的擔子更加沉重了。但是最重要的，是要將我們的信心還有生命的優先順位，都牢牢地聚焦在耶穌身上。過去幾年，我們看到許多的父母親，愈來愈被屬世的憂慮所包圍纏擾，而愈來愈不在意如何建立以耶穌為中心的屬靈家庭。其實，我們這些「小小的決定」，才是我們能否將對耶穌的承諾帶進現實的生活中的重要關鍵。

雖然沒有任何萬全的保證，擔保我們一定能引導孩子跟隨基督，但是一旦將生命的優先順位擺對了，要看到孩子繼承信仰，絕對有最佳機會。

讀者們，我們大部分的人都曾經大聲地宣告「耶穌是主」，如果我們的決心已經動搖了，讓我們再一次將耶穌放在最高主權的位置，讓祂成為我們個人生命的救主，還有我們全家的救主。

我們現在所擔憂的問題以後總會慢慢解決，只要我們將耶穌擺在生命的第一位，我們會發現祂比任何問題都要更偉大、更美好，也更有價值。

12 談心時刻

「我兒，要將你的心歸我；你的眼目也要喜悅我的道路。」（箴言23:26）

將心比心的交談，是讓教養真正發揮功用的祕密武器，當我們一味地想控制孩子的行為而遭到挫敗時，它提供了強而有力的路徑，幫助我們塑造他們的品性；當我們想嘮叨不休地命令孩子做這做那時，它幫助我們鑄造他們內心的偉大工程。談心讓我們真正客觀地去認識我們的孩子，了解他們內心最深處有什麼想法、什麼感受，還有真正相信什麼。

當然，你愈了解你的孩子，就愈容易教養他們，這表示你的教養是從裡到外發生功效的。只要在生活中持續實行，你會明白教養孩子的最終夢想，就是和他們有份一輩子親密的、知心的，還有令人滿足的親子關係，將心比心的交談會讓你的世界大大不同。

接下來要說的，也許是一門藝術，談心的確是比較像藝術，而不只是知識和技巧，不過，這門藝術課是我們可以透過學習得來的。沒錯！你和你的孩子真的可以在心靈上、靈魂上都深深地連結，也許你們有些人會懷疑自己是否真的做得到，但是繼續讀下去，你會學到的，而你的孩子們也會。

找一個安靜的地方

教養孩子這項工作和家庭本身就充滿了混亂，動不動就會吵雜喧鬧、干擾分心，有時候我們連一句話都插不進去！而且孩子愈多，家裡就愈熱鬧，學校課業、體育活動、電子產品滿屋跑，何況父母也是人，也需要上班和睡覺！看來要有知心的談話根本就不可能！

這就是為什麼我們有時候需要遠離這一切。耶穌也需要離開平常熟悉的環境，和祂最親密的門徒好好花些時間在一起：

「他就說：『你們來，同我暗暗地到曠野地方去歇一歇。』這是因為來往的人多，他們連吃飯也沒有工夫。他們就坐船，暗暗地往曠野地方去。」（馬可福音6:31-32）

如果你想和孩子們有知心的交談，帶他們到安靜的地方好好聊一聊。你們可以去一家安靜的咖啡廳，或是散散步、兜兜風，這些場合會讓孩子比較容易對我們敞開心胸。這不是說我們一定得逃到一個與世隔絕的孤島，我發現舒適親密的氣氛是最重要的，完全隔離可不好。有時候一起散散步或兜兜風，可以幫助孩子降低心防，告訴你他們內心真正的聲音。對男孩子而言，露營的營火可能就是開啟他們心房的關鍵，男生和火就是有種奇怪的連結……。

人在，心也要在

有時候問題不在於孩子，而在於父母，孩子們很想跟我們談心，但是我們沒有專心聽。我們的眼睛沒有認真看著他們，不然就是目光呆滯；我們被報紙、新聞、讀到一半的書、電視節目、數不清的家事或是我們自己的思緒給占滿了。孩子知道我們的心不在，根本沒有專心聽。我們必須學習人在心也在，專心和他們相處，別再想別的事了。

大部分的人擔心的事可多了，我們滿腦子都在擔心自己的工作或是家庭，很容易讓談心的機會一閃而過。我是個牧師，一不小心就很容易有一大堆的事情塞滿我的思緒。

有時候，一家人正在吃晚飯，或是其他家庭聚會的時間，我太太會把我拉到一旁，輕聲地在我耳旁提醒：「你的心沒有到喔！」聽到這些話當然很不舒服，但最終我還是很感謝可以從自己的思緒和世界中被拉出來，真正進入我們家的世界中。

我們很容易覺得思考工作或財務的問題，甚至是我們個人放鬆和靜下心來的需要，都比和孩子的談心要重要得多了。他們還不成熟，講的事情都像雞毛蒜皮一樣無關痛癢，而且，他們明天還在……明天再說不就好了？

問題是，如果我們繼續讓這些機會溜走，我們的孩子遲早會放棄，然後親子之間的關係會愈來愈疏遠，等到有一天你渴望和他們好好聊一聊時，一切都太遲了！

先聽先問，最後再說

「我親愛的弟兄們，這是你們所知道的。但你們各人要快快地聽，慢慢地說，慢慢地動怒，因為人的怒氣並不成就神的義。」（雅各書1:19-20）

雅各在這裡所說的，可能是對我們父母親最重要的忠告了。孩子們的言行的確需要糾正，他們會犯錯、不聽話、很健忘、老是惹我們生氣，身為父母，對孩子的確應該要諄諄教誨，但是我們也該好好地聆聽。

我們很容易只想要脅迫孩子，讓他們不得不就範，或是叫他們乖乖閉嘴，我們很可能以為自己教訓的都沒錯，但是如果我們不知道孩子心裡在想什麼，就可能完全錯失問題的癥結。要真正了解他們，就得好好地問問題，讓我們好好學習問問題的藝術，學習將孩子真正的想法汲引出來。

所羅門王給我們一些很棒的建議：

「人心懷藏謀略，好像深水，惟明哲人才能汲引出來。」（箴言20:5）

試試下列這些和善的問題和請求，看看會怎麼樣：

「那後來發生什麼事了？」

「那你的感覺是什麼呢？」

「關於這件事，你的想法是……？」

「請你幫我了解這件事……。」

讓我們在下定論、作出判決之前，先獲得所有的事實。有時候事情看起來好像是個無懈可擊的案件，但是孩子們需要自己面對所謂的「法庭」，我們不用一直當起訴的檢察官。就算你的孩子錯得很離譜，在你採取任何行動之前，你需要花點時間了解事情的全貌，才能加強自己處理這件事情的能力。如果孩子覺得反正我們就是會發火，那他們會避免讓我們知道，開始找藉口、編謊話，或是武裝自己隨時備戰。

花點時間聆聽他們，這又不會讓你少塊肉，就算錯完全在孩子，耐心地聆聽也會幫助我們進入他們的內心世界，總比一開始就發火，劈里啪啦地訓誡好多了。當他們知道你已經完全了解這個案子了，他們會比較願意接受你的判決，而且，知道他們到底在想什麼，才能處理他們內心真正的問題。

最難談心的孩子就是那些不愛說話的孩子，通常這些令人費解的孩子都是男生。在長大成人的某個時間點，一些喋喋不休、開朗外向的小男孩，突然間就變成了史前時代的原始人，他們簡直是含糊咕噥的專家，回你的話絕對不會超過三個字。

你得用上溝通工具箱裡的所有器材，才能幫這個年輕人把話匣子打開，開門見山地硬來絕對沒效。也許他需要和我們一起離開熟悉的環境，到安靜的地方相處久一點，才有辦法打開心門；有時候，他根本就不知道自己在想什麼，也不知道自己有什麼感受，他們完全不明白什麼是談心。不管你的孩子是什麼狀況，不要放棄去接近他們，別氣餒，在沉默的外表之下，有一顆跳動的心和靈魂，需要和你深深相連。

只要你用心觀察和聆聽，他可能已經釋放出很多的訊息，只是你還沒接收到而已。我們要保持盼望，只要我們堅持去愛，總有一天，神會幫助他們對我們傾吐心意。

安排好固定的時間

如果我們安排好固定的時間和每個孩子單獨相處，那麼談心的機會可能會大大增加，據我個人的觀察，這招對父親特別有用。如果沒有事先安排好固定的時間，只要我們一找孩子單獨相處，他們就很可能開始想自己大難臨頭了。事先安排好一週或雙週的行事曆，可以讓孩子沒有壓力，並且確保我們將這段特別的時間放入我們忙碌的時間表中。

四種家庭配對

讓我們來實際看看，家庭中需要知心交談的四種關係類型。

媽媽和女兒

通常這組配對看起來應該沒什麼大問題，但其實隨著女孩年紀愈大，她們也愈來愈會跟母親爭辯。媽媽們，妳得讓妳的小女孩長大，讓她們有自己的想法並且盡情地表達，就算她們有點兒特立獨行，妳也不用對每一個不成熟的意見都有所回應。明智地挑選妳的戰役，不然妳會落得整天都在和她口角，而且都是在爭辯一些很蠢的事情。當妳需要和她好好處理一些重要的議題時，就好好地談吧！並且確定她真的聽進去。

媽媽和兒子

媽媽們，妳可能是你兒子談心的救生索了，妳可能是他第一個求助的人，也是他最信任的避難所。通常和父親有些彆扭、或是對父親感到有威脅的男孩子，對媽媽會比較容易敞開心胸。如果你們家就是這樣，要讓你兒子覺得隨時都可以找妳聊，妳要明白，妳在他的生命中有非常獨特的位置。

但是也要了解，男孩子需要一些時間才能敞開心房，就算是對自己的媽媽也一樣，這就是為什麼妳需要和他有單獨的時間；也許是他還小的時候，在他睡覺前陪他聊聊天；也許是長大一點兒後，你們一起開車去兜兜風。

他可能會漫不經心地晃進廚房看妳做晚餐，東扯西扯地好像想跟妳聊些事，珍惜這份特別的關係，但是也要幫助他和爸爸多聊聊，別讓妳兒子什麼都只想對妳說，特別是他和父親之間的問題。妳可以引導他具體地表達，妳也需要幫助妳的丈夫，神將妳擺在妳丈夫的身邊幫助他、補足他，而這一部分就是他迫切需要妳的地方。

爸爸和女兒

如果父親溫暖親切、心胸開放，並且願意用心花時間在孩子身上，那麼大部分的女兒要和父親談心和親近，都沒什麼大問題，這真是個好消息。

但是很不幸的，這當中的確存在著障礙，而父親們，這通常是來自於我們這一方。父親的不專心和「很忙沒時間」是眾所皆知的，要不就是根本不和女兒說話，要不就是一下子就中斷交談。

要知道，如果你的女兒正試著和你說話，你就可以先放心一大半了，因為這會使她們免於這個世界許多險惡的陷阱。舉個例子，和父親這樣敞開心胸的關係，可以幫助你的女兒在和其他男生互動時也有很充足的信心，這可以大大減低她遭受性試探的機會，這是世界上許多女生面臨的誘惑。

父親和女兒談心時，還有一個重要的角色，就是幫助她們用理性、邏輯的方式去處理她們的感受。有一些事情很容易讓情緒起伏，當我太太想要幫助女兒面對這些事情時，我注意到她們雙方的情緒都因為彼此而更加高漲，這就是我出馬的時候了。在情緒快要失控的混亂中，我可以成為理性的一方，協助她們釐清問題。

父親們，這可能是我們在女兒的一生當中最重要的任務了。一個慈愛又關懷的父親有很多機會可以幫助他的女兒，在看似無法理喻的情緒混亂中認識她自己的感受，並且找到一條出路釐清並處理自己的感受。

爸爸和兒子

這可能是家庭所有關係之中，最難好好交談的一對關係了，因為雙方都有身為男性的軟弱。這不是說所有的男人之間都很難交心對談，只是我們得面對現實，在這方面男人可是比女人差得多了。

有無數的男人因為和父親沒有親密的關係，而感覺到自己的生命中有一股巨大的空虛感。如果你問一個長大成人的男性，他希望和父親之間的關係有什麼不同時，大部分的人都會回答，他們希望可以和父親多一些交心的對談，眼角還含著淚。

父親們，記取這些教訓，別讓這樣的情況發生在你的兒子身上。不要被外在的狀況唬住了，就算你兒子看起來一點兒也不需要和你說話，甚至一點兒也不想，但其實他很需要。別讓我們重蹈覆轍，讓我們花點時間、多用點心，學習些談話技巧，讓我們跨過這個鴻溝。提起精神來！你可以學會的，現在就開始學習吧！

別老是這麼緊張

談心時刻不一定總是負面的，或是為了要解決某個問題，絕對不是！談心時刻使我們可以和孩子分享內心最深處的事情。幫助孩子打開心門的方法，就是分享你自己成長的點滴。

讓他們知道你最糗的事情、你糟糕的失敗經驗、你的恐懼、你的冒險、你和自己父母親的關係，這樣的分享會幫助孩子體會到你也是個活生生的人，不只是個硬梆梆的權威；這也會幫助他們知道，自己不是唯一會有不安全感和掙扎的人。

和孩子分享自己的感受好不好呢？這個問題有點兒複雜，但是在孩子面前分享自己的感受，通常不會有什麼損失。偶爾讓孩子看到我們的眼淚，可能會有非常大的幫助呢！

有時候我們則需要收斂一下自己的感受，特別是孩子還很小、沒有能力理解的時候。隨著孩子愈來愈成熟，看到我們的眼淚，反而會幫助他們和我們更加親密，在這一點上，媽媽通常比爸爸厲害多了，也許這是媽媽比較平易近人的一個原因吧！

和你分享我個人的經驗。我的孩子長大之後告訴我，他們愈常看見我流下眼淚，就感覺和我愈親近。我和許多男人一樣，在自己家人面前都很壓抑自己的感受，但是我的眼淚幫助孩子和我更親近，也更自然地敞開他們的心胸。我為自己犯錯而流下憂傷痛悔的眼淚時，孩子們會更願意原諒我；當我流下失敗的眼淚時，他們會更容易同情我；而當我流著感動的眼淚，向他們表達我對神、對蕾兒和對他們的愛時，他們會體會到我的心是多麼真誠，想要奉獻給我生命中最重要的人。

也許你們家也可以這樣，你會發現，當你不再壓抑而讓眼淚自然流下時，孩子們的心門也對你更加敞開了。

不要怕與孩子正面對抗

該說的、該做的都做了之後，要記得你還是父母，還是有督管的責任，不要害怕去糾正幼兒的偏差行為，或是不敢責備叛逆的青少年。我們不能失去自己的信心，不能因為害怕做錯決定而優柔寡斷，這是我們應負的責任。

神給予我們的責任之一，就是要糾正孩子、管教孩子、為他們設立界線，並且要求他們改變。我們不會總是知道該說什麼，或是該怎麼說，但是只要存著愛心，該說的還是要說。

最後勉勵

神知道我們既不完全也不完美，但是根據祂的計畫，你仍然是教養孩子最重要的角色。神一定知道我們有此能耐，不然祂早就提出更好的方法，或是把你給撤換掉了。

彼得告訴我們「愛能遮掩許多的罪」（彼得前書4:8），在教養孩子成長的過程中，你會犯許多的罪，你在言語上會犯一大堆的錯誤，有時候是說錯話，有時候是沒有盡到該說的責任。雅各說如果我們在話語上沒有過失，那我們就是「完全人」（雅各書3:2），全世界只有一個人成功地做到，這就是為什麼祂是我們的主，而我們要跟隨祂。

你一定會犯錯、一定會跌倒，站起來，拍拍灰塵，再試一次就好了。用心聆聽、好好學習，用你的真心跟他們對話，也仔細聆聽他們真正的心聲，持續不斷地學習和成長。只要記得，神會幫助你們，讓你和孩子的心與靈都深深相連。

PART FOUR: FINISHING

第四部：最後整修

13 眼花撩亂的新科技

「耶穌又對眾人說：『你們一看見西邊有雲彩升起來，就說：「要下大雨」，果然這樣；起了南風，就說：「天要熱了」，也果然這樣。偽君子啊！你們知道分辨天地的氣象，怎麼不知道分辨這個時代呢？你們為甚麼自己不能判斷甚麼是對的呢？』」（路加福音12:54-57，新譯本）

每一個世代的父母親都要因應時代的變化，我們自己成長的環境已經和現今大大不同了。近幾年，改變的步調更加快速，我們家的老大和老么相差十一歲，但是我和蕾兒就已經見識到她們兩個面對的世界有多大的差別。我們老么要面對的環境，還有我們教養她的任務，都變得更加困難、更加緊張，也更加危險。

科技的進步愈快，父母就得更快學習這些新玩意，並隨之應變。如果我們沒有加緊腳步跟上世界的發展，就會迷失在煙霧中。如果你和這個世界脫節，你的孩子就會付出慘痛的代價。

我們需要聽聽耶穌在這章開頭給我們的告誡，祂責備我們沒有注意正在我們眼前發生的事。

想我小的時候

讓我分享一下我小時候的事情。在你正準備把我歸類到無可救藥的老舊派之前，就可以體會你的孩子是怎麼看你的了。這些最新科技對他們簡直就像喝水一樣簡單，但是對你卻是眼花撩亂的大迷宮。

我是在一九五〇年代長大的，上有三個姊姊，她們那時都正值青少年，那是一個科技和社會都發生劇烈變化的神奇年代，我可以觀察到外在環境帶給我們家的影響，父母親必須應付一些新的社會現象，每一個家庭幾乎都享受到科技進步帶來的便利，而這些是過去一般家庭沒有的。

我還記得那時候因為汽車的普及，而開始有了所謂的「轎車約會」，青少年可以一起開車出去約會，不用再被父母在一旁窺探。在那之前，男生要約女生得先打個電話，然後兩個人只能坐在客廳或是前廊聊聊天，最多就是一起去散個步。

轎車約會可不是這樣！當時的戶外汽車電影院和汽車後座，可是成為許多道德混亂或是太過天真的青少年男女放縱性慾的最佳機會。

電話也變成恐怖的多頭怪獸，以前許多戶家庭要透過接線生共用一條電話線，現在家家戶戶都有自己的電話可以隨聽隨講！

等等，還沒完呢！不只每個家庭都有一具電話，居然還有分機！孩子們有自己的話機，在他們自己的房間講電話！

接著，我們家有了第一台電視機，全家人不用坐在收音機旁收聽最新的節目，可以透過電視機觀看了！最早期的電視機只有兩支彎腳的天線，還是黑白螢幕的，如果有兩三台頻道可以選，就算很好的了。

從那之後，家家都有彩色電視，幾乎一個家裡都有好幾台呢！

我知道，有些人聽到這些，覺得我們好像是屬於遙遠的恐龍時代，但是對其他人來說，這些科技的革新可是歷歷在目、記憶猶新呢！

我們家也邁向新時代了，買了一具有分機的電話，就裝在我姊姊的臥室旁邊，那可是我們家的大事呢！但是，新科技的開始，也往往造成新問題的產生。我爸爸開始擔心姊姊們講太多電話。（身為她們的弟弟，我舉雙手雙腳贊成，她們和其他女生的無聊對話也太多了吧！更別提她們那些討厭的男朋友了。）

這時候，正巧碰上了我們的一個表姊，她也正值青少年時期，常和姊姊們用電話聊天，對於我老爸定下的電話時間限制，完全無動於衷。

我老爸終於想出了一個妙計，有一天，我從學校回家時，看到我姊姊的電話被整卷大膠帶緊緊地捆起來，這真是好笑極了！但是對我那三個姊姊來說，這可是一級紅色警戒的大災難，她們覺得我老爸真的是無可救藥的老古董，完全跟現實脫節了，她們同學的爸爸沒有一個人這麼無理取鬧！

對付「轎車約會」，我老爸也制訂了一套嚴格的規定，叫她們一定要幾點以前回家。有一天，其中一個姊姊沒有準時到家，秒針發出不祥的喀拉喀拉聲，我躺在床上渾身發抖，因為我爸的脾氣可是出了名的暴躁。我不擔心姊姊是不是出了什麼意外還沒到家，而是擔心她如果完好無缺地回來，她的命運會更慘。

等到她終於回到家，編了一個非常彆腳的藉口，我爸爸作了一個非常不科技的回應：他抓著我姊約會對象的領子，把他舉起來、釘在牆上，用他的鼻子頂著那個男孩，讓他知道我爸爸對他的行為有什麼看法。

到了一九六〇年代，科學進步帶來了毒品的氾濫，比歷史上所有的問題都還要複雜、還要強烈，就像雪崩一樣狂襲而來，幾乎所有的父母都無計可施。

七〇年代和八〇年代，CD隨身聽、電玩遊戲、個人電腦大舉入侵，從此以後，科技的發展只有愈來愈快，手機和網路更是將一切變得無比快速。

我們正在面臨的是什麼？你們家庭中還有孩子的生命中發生了什麼事？我們都一樣，焦急著想知道該如何回應這一切。

個人電腦

電腦和網路為我們和孩子揭開了一個全新的世界，這個新世界充滿了各種影響力和資訊，我想，只有「驚訝到無法呼吸」才能形容電腦帶給我們生命的影響，但是隨著科技進步帶來許多的祝福，禍害也隨之而來。

人類的歷史上，從來不曾如此容易接觸到色情畫面或是影片。以前你得偷偷摸摸走到店裡去買色情雜誌，現在只要按個鈕就行了！只要一個按鍵，你的孩子就會立刻被帶進一個充滿性墮落和性變態的世界，會在他們的心靈留下傷痕，甚至上癮、被奴役一輩子。

誠如R. Kent Hughes在他的書中[1]所說的，現今社會的色情如此氾濫，是因為太容易取得，幾乎不用花半毛錢，也查不出出處，你再也不用冒險走到小書攤或是色情書店，你媽媽絕對不會在床底下或是書櫃中發現你藏起來的色情雜誌。

你只要一個人坐在電腦前，輕鬆地按個鍵，就會看到一大堆色情的性交圖片：異性之間的、同性之間的，或是兩者都混雜在一起。

或者，你會看到變態的獸交、性虐待、性暴力，甚至就在你的螢幕上演現場的春宮秀。這些畫面背後的主使者也可能聯絡上你的孩子，盡一切可能想要占他們的便宜。

我們一定要了解，當這些畫面閃過孩子正在發育的心智時，會有多麼可怕的影響，他們看待身體、看待性關係，還有看待自己的角度都永遠被扭曲了，這些畫面會灌

註1：R. Kent Hughes所著*Set Apart*，2003年，Crossway出版。

輸到他們的中樞神經中，他們不只看到了變態的畫面，還會上癮，無法克制地渴望更多刺激。

為了準備一堂親子教養的課程，我們問了最小的兒子佑恩，他想給父母親們什麼建議（既然他還沒結婚，又正值二十幾歲的年紀，也算仍然身處其中），他說他強烈地建議父母親保護自己的兒子遠離網路色情，根據他的經驗，他同年紀的朋友第一次接觸到色情媒體，都是透過家裡或朋友的個人電腦，而他們那時候都還非常年幼無知。

佑恩說，這些男生長大以後，都有極大的問題，難以抗拒這種沉溺上癮；這也會嚴重影響他們和女性的關係，並且破壞他們的信心還有信仰。

除了明顯的網路色情之外，還有一些誘人的聊天室和對談會危害我們的孩子，就算是看起來無害的部落格、Facebook和MySpace等社交網站，都可能潛藏危機。

很多父母親都被這些新玩意兒搞得暈頭轉向，我們自己不熟悉這些東西，所以也不知道該如何訂下適當的規定，沒辦法保護我們的孩子遠離威脅。

請記住，不管你的知識和專業能力夠不夠，你仍然是一家之主，你仍然是他們的父母。我們的確需要熟悉這些新科技，但就算你這方面的知識能力遠遠不及孩子，也不能損害你身為父母的信心，還有神交給你的這份責任。

沒錯，現在提到父母親這一詞，就好像講到教養孩子一樣，都是老掉牙的話題了，但是，不管你對新科技的了解有多少，神還是將這個重責大任交給你，只要你適度地了解，並且不要失去對自己的信心，你的常識會給你足夠的判斷力來處理這些問題。

實際建議

1. 家裡的電腦要放在公共區域

如果我們讓家中的孩子或是青少年有私人的電腦空間，就等於是給他們一個自我毀滅的武器！別太天真，就算一點兒邪念都沒有的小孩，也可能會因為不小心接觸到色情網站而因此上癮！

那些架設色情網站的人可是非常積極，就算你的孩子沒有搜尋這些資訊，它們也會找盡各種機會彈跳出來。這不就是我們頭號敵人撒但的典型手法嗎？牠像獅子一樣遍地遊行，尋找可吞吃的靈魂。

2. 家裡的電腦要封鎖有害內容

有很多方法可以封鎖色情網站入侵你的電腦。作點研究，甚至花些錢買所需的軟體，架設好你的電腦防火牆，並且自己監控看看，確定那些有害內容無法入侵。

3. 由父母設定電腦使用規則

你不會讓孩子開車上路吧？更別說讓他們操作危險的工具了。那麼就用相同的觀念來處理電腦和網路，它們是一樣的危險和可怕！電腦使用的時間、地點還有內容，都應由父母制定。爸媽們，定下使用規則，並且嚴格執行，過分嚴格比寬容放縱絕對好多了，不要懷疑你自己，不要接受「可是大家都這樣啊」那套無稽之談！

4. 由父母決定如何使用社交網站，如Facebook和部落格

誰說使用這些網站是天生應有的權利？孩子們太小，還不知道什麼對他們是好的，如果你認為他們還不行，那就不要讓他們使用；如果你讓他們享受使用的特權，那你絕對有權利毫不客氣地監控，包括他們談話的對象和內容。

多用點心，如果你允許這些特權，就跟孩子們詳細地解釋，有特權就會有責任；除了責任，還有父母親的督管和指令。從一開始就讓孩子清清楚楚地知道，網站上的所有內容，不論是別人上載的或是接收到的，都會經過你的審查和批准。

我記得有一次在網站上，看到一個孩子上載的照片，我看了覺得怪怪的，雖然這張照片也沒有什麼明顯的不妥，而且我確定他並沒有不良動機；但是我覺得這個畫面可能會被誤用，所以就把它刪除了。

手機

我的大女兒九〇年代進大學讀書時，沒幾個人擁有手機；但是等到她二〇〇〇年畢業時，幾乎是人手一機。有時候連我們自己都不知道科技的快速進步，帶來多麼深遠和巨大的影響。

在手機普及之前，孩子們要打電話得在家裡，或是到電話亭打公共電話。（你還記得有這種東西嗎？）如果他們要找自己的朋友，通常都是對方父母親接的電話，或者至少他們父母知道他們在講電話；有的父母還會悄悄拿起另一支分機，偷聽他們在聊什麼。

但是隨著手機時代來臨，一切都改變了，現在孩子只要有自己的手機，就可以隨心所欲地講電話，隨時、隨地、想和什麼人講都可以，這樣的危險不是太明顯了嗎？

我們的孩子不但會浪費一大堆時間在毫無益處的八卦上，也可能在不恰當的時間和不恰當的人講電話。就算是我們這些大人，手機也可能會變成一個專制的暴君，隨時入侵打斷我們的生活。除非我們設下明確的界線，否則永遠也逃不出手機時時刻刻的呼喚和擾亂。

簡訊又讓這一切更上一層樓，傳來傳去沒有一句正經話，孩子們發簡訊的功力實在是太熟練、太快速了，讓我們瞠目結舌。他們隨時隨地都可以發簡訊，我曾經看過一個孩子一面傳簡訊，一面和別人熱絡地交談，眼睛連眨都不眨一下。

簡訊和網路一樣可以傳送圖片和相片，孩子們之間傳來傳去的照片是如此之多，真的讓我很驚訝。你需要知道孩子們在手機裡有什麼圖片，要常常檢查他們的手機，也讓他們明白如果接到了任何奇怪的圖片，一定要讓你知道。

實際建議

跟電腦一樣，手機是父母優待孩子的特權，不是應有的權利。以前手機是成年人專屬的，但是隨著手機愈來愈低價，大家都可以負擔得起， 現在連幼稚園小孩都有。讓我們可以隨時和孩子保持聯絡，確保他們的安全，雖然是很棒的祝福，另一面卻也帶來許多的煩惱。我們需要設下手機的禁用時段，像是大型家庭聚餐、晚餐時間、唸書時間，還有很晚的時候，讓孩子知道你會每個月檢查他們的手機帳單，而且會上網監看他們的通話和簡訊記錄，以確保他們的行為恰當。

如果孩子還不夠成熟，沒有能力監督自己，那你就不用再猶豫了，在手機禁用的時段幫他們保管手機。如果孩子一直濫用手機又不聽規勸，就沒收手機。在這種小事上如果有明確規定並嚴格執行，結果一定是出乎意料地有效。

就像其他的生活禮儀，你應該要教孩子得體的手機禮儀。在一些社交場合或與人交談時，除了緊急和重要的電話以外，其他一律不接；不可以在課堂上傳簡訊；嚴禁在家人相聚的時間講電話；另外，進行其他重要工作時，也不准使用手機。

讓孩子開車已經夠危險的了，更別說一面開車一面講電話，甚至是傳簡訊，這可是會出人命的！你懂了嗎？若是你沒有教導他們並嚴格執行，壞習慣一定會逐漸形成。

電視和電玩

電視算不上新鮮，新鮮的是，現在一個家庭有愈來愈多的電視，幾乎每個家都有兩台以上的電視機，還有人覺得孩子理所當然要有一台自己的電視。（主要是因為我們不想跟孩子一起爭著看吧？）

三思而後行啊！大部分的孩子都沒辦法控制自己，在你把電視機搬進孩子的房間時，你一定要想起媒體的力量和影響有多麼強大！不要讓他們有自己的電視，這樣，你不只可以保護他們遠離不當內容，也可以避免他們在電視機前浪費一大堆寶貴的時間。

色情節目愈來愈氾濫，就算在大白天或是傍晚也會播出，而且到底是誰在負責電視節目的分級啊？面對現實吧，社會大眾早就決定不要照著神的高標準而活，他們的標準非常低，簡直是低到極點了，我們屬神的人根本不該接受這種標準。就算節目本身沒問題，廣告也可能充滿挑逗和性暗示。

既然情況這麼糟糕，如果我們不能在一旁全程監督，乾脆把電視機關掉好了！就算運動節目也不能免疫，每個隊伍都有專屬的「啦啦隊」，她們和脫衣舞孃根本沒什麼兩樣，她們的啦啦隊制服和舞蹈動作擺明了就是充滿挑逗和邪念。

電視遊樂器從八〇年代崛起後，已經成為家家戶戶的必備品了，孩子們會列出一大串他們「應該」擁有的遊戲。

電玩遊戲也可能會充滿色情和暴力，許多父母允許孩子玩非常暴力的遊戲，到處血跡斑斑、鮮血橫流、充滿尖叫和仇恨的暴力言語。

還有一些遊戲非常陰鬱和邪惡，在那個世界中只有邪惡墮落的人物和計謀。你真的以為這些畫面和思想不會滲入孩子的腦海和情緒中嗎？

就算是在「純真無邪」的八〇年代，我和蕾兒也看到電玩對我們兩個兒子有怎樣的影響。他們有一個電玩遊戲，裡面只有兩個對手在對打，有兩個按鍵操控，可以用拳頭還是用腳來踢敵方。

一開始我們不以為意，但是後來發現，他們兩個本來很乖巧，兩個人平常都一起玩得好好的，後來卻變得愈來愈有攻擊性，又暴躁又粗魯，我們的朋友和褓姆也都發現到了。我們找出原因，原來是那個暴力的電玩遊戲，引起了他們從來沒有經歷過的問題，我們立刻把那套電玩遊戲丟到垃圾桶，而他們的暴力傾向也隨之消失。

我們又發現他們兩個變得愈來愈愛玩電動，只要一坐在電視螢幕前就變得呆若木雞，全身上下只剩下兩隻手和眼睛在動，完全被電玩遊戲吸進去了。我們不希望再這樣下去，就限制他們每次只能玩二十分鐘，去朋友家玩也一樣，我們會和對方的父母親說明這個規則，並且麻煩他們幫我們嚴格執行。

許多男生成長的過程中都受到電玩的不良影響，我們相信這樣的堅持，對我們兩個兒子的成長和發育有非常大的好處，他們得以倖免於暴力的影響，也不會因電玩而孤立。

和手機一樣，我們也要教孩子電玩的規矩，並且設下清楚的界線。雖然電玩對父母來說很方便，讓孩子一直都有事做，但是要注意在家人相聚的時間，或是和朋友聚會的時候，不要讓孩子躲在孤立的電玩世界裡。

實際建議

絕對不要讓孩子坐在電視機前面，什麼都不管，不要讓電視公司替你決定孩子看什麼，你得自己為孩子選擇優良節目。就算電視可以讓孩子乖乖安靜，讓我們享受一些寶貴的自由，也不能為了自己的方便而犧牲了孩子的益處。與其受制於電視節目，我們大可以挑選一些優良的錄影帶和DVD播放給孩子欣賞。

不要因為孩子很無聊、沒事可做，就讓他們一直看電視。不要讓他們拿著遙控器不停地按，一台換過一台；要確定他們挑選了適當的節目來觀賞，如果你可以跟他們一起看那就更好了。蕾兒有一次和小雅一起看她最愛的節目，雖然這個節目充滿詼諧機智，有些內容卻讓我們無法認同。

蕾兒陪著小雅，跟她討論一些不恰當的對話內容，也幫助她學習觀察一些人和他們所做的決定，並不是那麼好。一開始小雅當然哀怨呻吟了一會兒，但是這變成母女之間寶貴的回憶，而且是很正面又開心的回憶。

將一些你覺得不恰當的頻道鎖住。就算是一般公認的親子節目，也會有些暴力和性意味的內容。我們家甚至把所謂「大人看的」電影頻道全部封鎖，我們可是從來都沒有後悔過。

還有一招很有效，特別適用於暑假和週末，就是讓每一個孩子在固定時段內選擇一個節目，這樣可以避免孩子把假日都浪費在無聊的電視節目中。

爸爸媽媽們，我們想要表達的是，我們需要事先防備並設下界線，只要一點點事前的思考和安排，就可以防止你的孩子整天被電視迷住，並且保護他們不受有害節目的影響。

面對科技洪流

爸媽們，神給我們一個非常珍貴又艱鉅的任務：我們要養育我們的孩子，不是放任他們自己作決定，或是放任他們沉迷於科技產品之中，我們要保護他們免於這個世界的腐蝕和毒害。既然我們無法逃離這個世界，就不能掉以輕心，任憑這個世界大剌剌地侵入我們的生活。科技產品是很棒的禮物，但是也可能是萬惡之源。

別太天真，還有，我再強調一次，不要因為孩子比你還懂這些科技，就失去你的信心！倫理道德、是非對錯、明智的判斷力和屬神的價值觀，不會因為科技的進步就變得老舊過時，這些價值觀和標準是永恆不變的！

你是神放在孩子生命中的主要力量，為了要保護他們和滋養他們，分辨這個時代的各種徵兆，看清這個世界的本質，抵檔任何傷害孩子的科技入侵，不論是心智上、情感上、或是行為上的。他們的生命、他們的未來、他們的靈魂，都要靠你了。

14 性教育與約會

「你不可為惡所勝，反要以善勝惡。」（羅馬書12:21）

我們活在一個性觀念和性關係都亂七八糟的世界，我們的孩子年紀還很小的時候，就要面臨許多性方面的試探，這些都是過去我們長大以後才遭遇到的狀況。如果他們的人生有哪一方面迫切需要引導，性教育絕對名列前茅，不論我們在地球上哪一個角落，都需要趕緊教導孩子這方面的正確知識，而且是愈早愈好！

面臨性方面的挑戰和試探時，孩子需要如何裝備自己的心和個性去得勝呢？

確實地信任神

「耶和華說：我知道我向你們所懷的意念是賜平安的意念，不是降災禍的意念，要叫你們末後有指望。」（耶利米書29:11）

孩子們一定要相信神是良善的，並且了解祂所說的和所做的都是為了他們的益處。如果神不允許他們做一些事情，絕對不是要剝奪他們的權利，祂也不是獨裁專制的暴君；祂會這樣規定，一定是為了他們好。

孩子們也要相信神知道什麼是最好的，祂比我們所有人都聰明多了，祂不只擁有驚人的智慧，還有至高無上的能力，安排他們生命中所有具體的事件，將一切編織成美好的計畫。既然婚姻是神為大多數人所預備的（哥林多前書7:1-7），當然早就為你預備了最佳伴侶，就算要驚天動地，祂也會把兩人撮合在一起。

當孩子們對神有這樣的認知和信任之後，就不會悶悶不樂地忍受神的命令，甚至公然造反。如果孩子們對神有一份穩固、安然的信任，就比較不會放縱自己的情慾，以至於犯下性方面的罪行，或是和神國之外的人嫁娶。當他們的同學和朋友因為他們持守這個「詭異」的高標準，而譏笑他們「假純潔」、「自命清高」，或是給他們許多同儕壓力時，他們不會膽怯、也不會隨波逐流。

我記得當我是個十九歲的青少年時，我和蕾兒開始交往，我在大學的兄弟會中，三不五時就會接到許多不請自來的建議，他們搞不懂，為什麼我們兩個沒有每分每秒都黏在一起，他們常常勸我說：「如果你不好好看著她，一定很快就會被別人搶走的！」

他們當中一定有人覺得我的性傾向有問題，因為我和蕾兒居然還沒有發生關係，有些人真的是出於好心想勸告我，有些只是純粹的嘲笑和揶揄。但是事實勝於雄辯，結婚幾十年了，我們還是一樣幸福快樂地彼此相愛，只有神的計畫才行得通！而這個真理在親密的性關係和婚姻當中，更是再明顯不過了。

我想說的是，我們一定要教導孩子完完全全地信任神，他們一定要相信神的心是美好的，祂是全心全意為了他們好；他們一定要相信神的話語是美好的，特別是在性方面的命令；最後，他們一定要深深相信，神所做的一切是美好的，祂會精心安排他們生命中所有的事件和細節，讓他們遇到一位獨一無二的伴侶，是他們可以永遠珍惜、享受，還有彼此愛慕的。

正確、正面的性觀念

「神就照著自己的形像造人，乃是照著他的形像造男造女。」（創世記1:27）

「神看著一切所造的都甚好。」（創世記1:31）

性是神非常美好的創造，性方面的吸引力和歡愉滿足，本質上是美好的。在我們天性中，性並沒有任何的邪惡或不潔，是神放在我們裡面的，不只為了確保我們可以生養眾多，也是為了讓我們在生命中享受到愉悅和快樂。

我們有些人誤以為性是撒但的領域，錯誤地將性解讀為伊甸園內的「禁果」，不論是源自於怪異扭曲的中世紀神學，或是出自於你兒時教會對於聖潔的錯誤教導，這些觀念通通都不對，一點兒也不健康，反而會害孩子對性充滿罪惡感和灰心，並且更容易犯下性方面的罪。

別把性這個如此美好的禮物從神那邊拿走，然後交給撒但。性本身是美好的，撒但拿走這個禮物並且將之扭曲，讓性變成滿足我們個人私慾的工具。別讓你的孩子在成長過程中，以為全世界都正在盡情享受性的歡愉，但是只要他們想服事神就永遠都別想，這從頭到尾都是個大謊言！[1]

教導孩子，神要他們有很棒的性生活，但是要在對的時間、用對的方式，與對的人享有，只要明白這一點，他們性方面的試探就少了一大籮筐。一旦孩子知道性是美好的，並且神會賜予他們幸福的婚姻，讓他們和伴侶享受美好的性關係，那麼這個世界偽造的誘惑就失去力量了。我們的孩子正掙扎於是否要從屬神的眼光正確地認識「性」；在這場戰役中，一方面要控制自己的情慾，另一方面要了解這個世界將性方面的罪偽裝成美好的歡愉，是徹徹底底的大謊言。

尊重自己的身體

「神的旨意就是要你們成為聖潔，遠避淫行；要你們各人曉得怎樣用聖潔、尊貴守著自己的身體，不放縱私慾的邪情，像那不認識神的外邦人。不要一個人在這事上越分，欺負他的弟兄。」（帖撒羅尼迦前書4:3-6）

註1：如果父母們想要從神的觀點來認識性，我推薦我個人的著作：*The Five Senses of Romantic Love: God's Plan for Exciting Sexual Intimacy in Marriage*，2008年，DPI出版。

我們是按著神的形象造的，正因如此，我們的身體是高貴、充滿尊嚴的，配得我們最高的崇敬。我們的身體不是一個邪惡的東西，讓我們覺得很羞恥、很害怕，或是輕蔑之。「肉體」（flesh）一詞（和合本翻譯為情慾）在經文中和身體（body）是不一樣的；聖經說我們要用我們的「身體」去榮耀神（哥林多前書6:20），如果我們身體的本質是邪惡的，我們要怎麼用以榮耀神？「肉體的情慾」不是指我們的身體，而是我們內在叛逆的衝動，引誘我們將正常的欲望扭曲成自私的用途。這是指我們有一種想要離開神而獨立的本性，一種想要不受拘束和限制的慾望。

孩子如果懂得尊重自己和別人的身體，就擁有了強大的武器，可以對抗性的試探。只要懂得人的身體是高貴和聖潔的，就可以幫助他們看穿黃色書刊、色情節目、下流污穢的電影和音樂都只是放縱情慾、自甘墮落的不同形式而已。如果孩子們年輕時就學會憎惡這些對身體的炫耀和濫用，就比較不會受到色情書刊或節目的引誘。當我們用這樣的方式來處理這個問題時，是將他們領到公義的高台，而不是一直處於抵擋誘惑的防守位置；當他們身處高台，要贏得這場戰役的機會就大多了。

對自己身體高度的尊重，也會保護孩子抵抗手淫的誘惑。當孩子明白，性關係的目的是為了要生養後代，還有夫妻之間的樂趣和彼此滿足，他們就會明白手淫不是神創造性的目的，他們會明白性是夫妻之間無私的奉獻。

懂了這一點，他們就知道在婚姻之外的性關係根本就是犯罪，也是很愚蠢的，雖然聖經沒有直接描述手淫的問題，但根據神的創造和許多理由，我個人深信這是錯的；手淫幾乎一定和放縱淫蕩有關，會讓人深受奴役，對性產生自私的態度，讓人良心不安，被罪惡感痲痺癱瘓。我們絕對要幫助孩子不陷入這種有害的行為中。

說了這麼多，我們需要知道，進入青少年的孩子正處於性成熟的萌芽期，他們在自我探索的過程中，多多少少會想探索自己的身體。他們會注意到觸摸一些性敏感地帶非常地舒服，並且很容易沉迷於此，你不用一看到就大驚小怪、反應過度。

我們應該好好把握這個時機，開始教導我們的小孩認識自己的身體。我們需要跟他們解釋，神創造他們是「奇妙可畏」（詩篇139:14）的，我們應該要幫助他們尊重、甚至是敬畏自己的身體，因為他們的身體是深愛他們的創造者親手製作的。

當我們用聖經和屬靈的角度來認識「性」，我們大可以感到安心，因為我們站在堅固的磐石之上。孩子很小的時候，我們就可以教導他們，性是神賜予我們非常美好的禮物，等到他們開始為他們的性純潔而奮戰時，這樣的認知會大大加添他們的力量。

還有一件事也非常重要。我們要在親子之間持續建立坦誠的信任，和孩子開誠布公地聊聊「性」的話題，這樣可以幫助孩子在進入青春期時免於困惑、混亂、孤立和羞耻感。父母們，讓我們敞開這樣的大門，別讓「性」成為我們家庭中難以啟齒的禁忌。

尊重異性

「因為正如女人是由男人而出，照樣，男人是藉著女人而生；萬有都是出於神。」（哥林多前書11:12，新譯本）

男人和女人的敵對狀態可是愈來愈白熱化，以前大家只是拿兩性衝突來開開玩笑，最多就是發發牢騷，但是近幾年已經演變成醜陋的兩性戰爭。性騷擾、約會強暴、性交易愈來愈常發生，這些只是兩性衝突中的一小部分，真正的問題根源，是從伊甸園開始的。

還有性混亂的相關問題，唯一的解決方案，就是教導孩子尊重異性。我們要幫助他們欣賞和珍惜兩性之間的差別，而不是貶低和嘲笑這些差別。

男生不應該鄙視女孩子，認為她們又笨又情緒化、既善變又懦弱，教導你家的男孩要尊重女生在各方面展現的聰明才智、才華和能力，也要讚賞她們在各個領域的貢獻和成就。

隨著男孩逐漸長大，要教導他們絕對不可以把女人視為性的玩物，只是為了滿足他們淫慾而任他們處置。我們得教導年輕人負責任好好控制自己的肉慾，絕對不要讓你的兒子聽信這個世界的謊話，讓他們以為說「不」都是女生的責任；千萬不要讓他們以為如果一個女生很「隨便」，就活該被占便宜。

同樣的，我們也應該教導女生要尊重男性，她們不能從小就認為男生笨手笨腳、感覺遲鈍、是只有原始人智能的野蠻人；當她們長大以後，要欣賞男性與生俱來的領導本能、渴望成就大事、想要在男性世界中一較長短證明自己能力的天性。女權運動使我們以為男人基本上只有肉慾，只會剝削和利用女人，所以得一輩子提防他們；絕對不可以將自己的心完全交給任何一個男人，不然一定會被利用，或是落得滿身是傷的下場。

另外一些人認為男人都是沒心沒肝、善變不忠的寄生蟲，要離開一個女人只會留張紙條。我們都看過這樣的男人，也知道這類型的男人的確很糟糕，但是我們不應該容許、甚至鼓勵我們的女兒對男性有這樣的想法，這是不對的，如果這樣做，你會害你的女兒一輩子都陷在爭吵和痛苦之中。

教導他們與異性互相尊重，在你們的婚姻關係中活出好榜樣來。這樣你的孩子就可以逃離屬世這種反應過度的歪曲態度；他們對異性會有健康的尊重，這會幫助他們邁向幸福的婚姻，還有充滿平安的生命。

從神的觀點認識婚姻關係

「婚姻，人人都當尊重，床也不可污穢；因為苟合行淫的人，神必要審判。」（希伯來書13:4）

現代人的婚姻遇到了大麻煩，幾乎有一半邁入婚姻的人是以離婚收場，還沒離婚者也有很多人非常不快樂。難怪大家不屑尊重婚姻，許多人強烈地批判婚姻，說它是讓這個社會和個人充滿問題的罪魁禍首，他們覺得有更好的方式讓兩個人享受彼此的關係和性生活，而婚姻呢？絕對是最糟的選擇！

就算在教會中，我們也接收了這些不屬靈的態度，我們可能經歷過一段（或是兩段、三段……）悲慘的婚姻，或是我們聽多了身邊親友的悲慘故事，無論是什麼原因，我們有些人覺得很難真心向自己的孩子推薦婚姻這條路。

我們必須從經文中找到對婚姻的信念，而不是從自己的悲慘失敗或是這個世界的墮落想法來建立。神親自設立了婚姻，祂可是設計得非常棒，婚姻本身沒有問題，有問題的是當中的「人」，只要我們「自己」對了，婚姻自然會好好地運作。

這個世界的影響力無所不在，你的孩子班上有多少孩子來自單親家庭（不是未婚生子就是離婚）？有多少孩子是和自己的繼父、繼母或父母的同居人住在一起？剩下的孩子，父母間的關係一點兒愛也沒有，甚至動不動就是家暴、罵粗話。電影和小說裡描繪的幸福美滿家庭，一點兒也沒辦法讓我們心動。

我們必須要用聖經的教導來對抗這一切。婚姻是非常美好的、是神所設計的，為要讓兩個大人幸福，並且是養育孩子的最佳環境。

我們的孩子必須明白，雖然婚姻很辛苦，但是這從神而來，是非常榮耀、值得我們頌讚的。教導他們明白，尋找另一半的過程只是幾年的時光，直到神引領他們找到對的人；教導他們，親密的性關係還有同住一個屋簷下的生活，是保留給神祝福的夫妻，他們也要按著法律結合。讓我們鼓勵孩子，好好期待他們求婚和結婚的那天，因為那是生命中最美好的日子，並且讓我們身為父母的，展現出對婚姻崇高又浪漫的想法，讓孩子們可以坦然無愧地高舉婚姻，不只是為了自己，也為了別人。

如果我們深深如此相信，並且忠心地教導孩子，我們就是在預備他們將來可以擁有幸福美滿的婚姻。

在教會內選擇交往與結婚對象

「你們和不信的原不相配，不要同負一軛。義和不義有甚麼相交呢？光明和黑暗有甚麼相通呢？」（哥林多後書6:14）

「丈夫活著的時候，妻子是被約束的；丈夫若死了，妻子就可以自由，隨意再嫁，只是要嫁這在主裡面的人。」（哥林多前書7:39）

和神的國以外的人結婚，一直是神所不允許的（尼希米記13:27），而且無可避免地為神的子民帶來災難（列王紀上1:1-2）。我個人深信，耶穌的門徒和非門徒結婚絕對是錯的；而我也深信，既然交往是為了尋找結婚對象，孩子們也應該只在教會這個神的大家庭裡面和其他人約會交往。

這是我發自內心的信念，我們一定要在孩子還小時就傳授他們。某部分來說，這和我們所有的信念都自然地相合，如果我們要奉獻自己的一生盡心、盡性、盡意、盡力地愛神，那麼理所當然要找相同信念的伴侶共度此生。

如果孩子們被學校的同學所吸引怎麼辦？這個同學很喜歡他，看起來也是個好孩子。我們會教孩子可以和這個同學成為朋友，但是不能有曖昧關係或發展成男女朋友。我們不要孩子與世隔絕，但是孩子們很清楚我和蕾兒對這樣的事情有什麼想法，和同學出去約會絕對是被禁止的！

當我們女兒讀高中時，偶爾會有學校的男生邀請她們出去，她們已經學會用禮貌善意的公式回答，說她們非常謝謝這個邀約，但是她們只和教會中的男孩子出去約會，因為她們希望和未來的男友是靈性上的好朋友。她們會很小心，不要讓這些男生覺得這是針對個人的拒絕，也不要變成自命清高；她們還會順便邀請這些男生，一起來參加教會和青少年團契的活動。

我鼓勵所有的父母們，將這樣的信念深深放入孩子的心靈中，這樣我們會大大減低他們和非信徒談戀愛而逐漸遠離神的危險。

如果我們好好教導他們，並且仔細地解釋這樣做的原因和信念，我們可以確保孩子和很棒的門徒結婚，這不只是他們的福氣，也是我們的。

明白情慾試探的本質

「所以，要治死你們在地上的肢體，就如淫亂、污穢、邪情、惡慾，和貪婪。」（歌羅西書3:5）

性方面的誘惑和試探，是孩子長大成人的過程中最費勁的爭戰，他們的挑戰除了來自於自己體內的欲望之外，還有這個世界在他們如此年幼時，就在他們面前展示誇耀一大堆的「性」。我們一定要將孩子裝備好，給他們聖經的教導和勸戒，這樣他們才能成功地走出這條艱辛的路。

這當中牽涉到淫慾（lust）的議題，我們需要了解它是什麼，還有它不是什麼，讓我們一步一步來釐清。

⑴性的吸引力不代表是罪。看到一個男孩或女孩，並覺得他或她很可愛、很美麗或是帥氣，這並沒有錯，這是每個人的正常反應。如果孩子覺得性吸引就是淫慾，那他們會被罪惡感和挫敗感不斷折磨，因為他們根本無法壓抑神所給的生理衝動！有些孩子的良心太過於敏銳，需要你在這方面多多幫助他們。

⑵淫慾是孩子越過了吸引力，讓自己的情慾發動。更具體來說，以下這些狀況就是淫慾：

- 他們持續盯著性意味很明顯的部位。
- 他們因為對某人有性渴望而看著他。
- 他們在腦海中編織性幻想或是和性有關的影像。

⑶ 以下的狀況都不是淫慾：

- 當他們喜歡的人出現時，他們的心突然小鹿亂撞。

- 他們注意到一個很可愛的男生或是女生。
- 他們有衝動想要看色情書刊或是影片。
- 某些東西出現在他們面前，引起他們的淫慾，但是他們立刻別過頭去。
- 突然有個性方面的念頭閃過他們的腦海。
- 他們的身體有性方面的反應，就算他們沒有在想這件事。父母親要在這一點上特別謹慎地對孩子詳加教導，在他們身體逐漸發育成熟的這個階段，情感和生理上的衝動會很強大、很難抵擋，幫助他們度過這個階段是非常重要的，並且教導他們去欣賞、敬畏神這樣的創造。

(4)我們一定要幫助孩子們分辨，第(2)點和第(3)點中所列出的反應之不同。有些孩子的良心太敏感，以至於他們把受到誘惑和犯淫慾看作是同一件事，完全不是這樣！我們知道耶穌在性方面一定也受過試探，因為聖經說祂也曾凡事受過試探（希伯來書4:15），當孩子只是在努力抵擋邪惡的念頭時，別讓撒但將他們推入自我控訴的深淵中。

另外有一些孩子的良心非常遲鈍，當有狀況時，他們會自欺欺人，告訴自己一切都沒問題，這樣的孩子會和淫慾糾纏不清，最後深陷其中，因為他們沒有認真注意聖經的教導「要逃避淫行」（哥林多前書6:18）。

(5)所有的孩子都必須領悟到，肉體的淫慾和淫行非常可怕，要遠遠地逃開。這代表要保守他們的心（箴言4:23）、他們的眼目（箴言4:25）、還有他們所行的路

（箴言5:8），如果他們還是不幸跌倒了，禱告神讓他們立刻向你坦白，或是你會立刻發現。淫行的罪一定要立刻悔改，不要讓它繼續發酵，攻陷孩子的生命。

⑹對於電視節目、網際網路還有DVD都要非常小心（第十三章中對這個問題有更詳盡的討論）。

⑺幫助孩子處理任何越軌、不正常或怪異的念頭。有些孩子的想像力很活躍，他們的心思會飄到非常奇怪的地方，如果他們和你聊這些事，仔細地聆聽，多問一些問題讓你自己全然了解狀況，不要大驚小怪、反應過度。通常孩子只要願意坦白，問題就解決一大半了，當你所有的事都聽完全了，再給他們需要的引導，幫助他們將心裡不健康的念頭清乾淨。

⑻最好的防守就是進攻。一顆腦袋一次只能想一件事情，除了教導孩子清除淫蕩的念頭之外，還要讓聖潔的事充滿他們的心思意念（歌羅西書3:1-4；羅馬書8:1-17；腓立比書4:8-9），如果他們專注於服事神、研讀聖經、禱告和服事別人，就不太會被捲進情慾的淫行之中。

讓孩子可以放心地坦白

「惟用愛心說誠實話，凡事長進。」（以弗所書4:15）

我們已經強調過，孩子和我們之間的溝通管道應該要暢通無阻，在性方面的溝通和聊天更應該如此。我們應該永遠都用鼓勵的態度，幫助他們打開性方面的話題，而我們也要仔細地聆聽。

究竟什麼時候可以開始跟孩子聊到性呢？該聊些什麼呢？以下有幾個重點：

⑴就算孩子還很小，也不用怕聊到這個話題。就算在幼稚園，他們也會聽到同學在談論性，電視節目上也在播。他們需要問我們問題，告訴他們哪些行為是可以接受的；教導他們不可以讓別人觸摸自己身上的私密部位，他們也不可以觸摸別人的。

⑵性教育可以在小學就開始，通常最好是由媽媽跟女兒談、爸爸跟兒子談，通常在八到十歲之間，視孩子的成熟度而定。[1]

當我要跟我的大兒子大緯聊這個話題時，真的非常緊張。我成長的過程中，從來沒有人跟我這樣聊過，我完全不知道該怎麼起頭，我試著尋求聖經的幫助。「為什麼不從世界的創立開始呢？」所以我們翻到了創世記第一章，一起讀神是怎麼創造這個世界和男人、女人的，然後我問大緯：「兒子呀，你覺得神叫他們生養眾多，是什麼意思呀？」我心裡真是得意極了，我怎麼想到這麼聰明的問題呀！沒想到大緯很興奮地看著我說：「喔！我知道了，這是要我們幫助很多人讀聖經、受洗，然後教會結很多果子

註1：在本書中我不會深入討論該如何和孩子談這個話題，只想強調我們應該用正面、健康、輕鬆愉快和直接的態度。

對不對！」呃……真不愧是牧師的兒子！

願意接受引導

「我兒，要聽你父親的訓誨，不可離棄你母親的法則；因為這要作你頭上的華冠，你項上的金鍊。」（箴言1:8-9）

當孩子進入尋求伴侶和約會的年紀時，他們要願意接受我們的指導，他們太年輕、沒有經驗，無法知道什麼是最好的。那些自負、固執，自以為自己很聰明、可以掌握自己命運的孩子，其實很可悲。如果他們不改變自己的態度好好學習，一定會經歷無比的心碎和失望。父母們，我們一定要培養孩子有受教的心，特別是在約會和性的方面。

讓我分享我和蕾兒在約會這方面給孩子們的具體建議。

當孩子還在唸小學和國中時，如果他們在教會中有特別要好的異性朋友，我們不會放在心上，只有兩個要求：他們不能是男女朋友，並且在屬靈上要彼此鼓勵。我的兩個兒子在教會中都有他們「喜歡」的女生，人家也滿喜歡他們的，他們會送彼此小禮物，會保持聯絡，偶爾也會講講電話，我們覺得這是很正面、很健康的男女互動；但是我們不准他們「固定交往」，或是跟對方說「我愛你」，他們年紀太小了。雖然他們同學都是這樣，也會問他們，我們教他們回答說：「我爸媽說我年紀還太小，還不能有固定對象。」這樣的回答包準讓其他人乖乖閉嘴。

我們在高中時讓孩子開始「約會」，我的大女兒莉莉第一次約會，就是在教會的舞會中和一個男生相處（雖然同時有其他很多人）。我們開車送她去、開車去接她回來，這就是孩子開始約會的方式：很低調、在很多人的公眾場合，並且一定有大人隨行接送他們。

等孩子大一點之後，你可以開始允許他們自己去約會，但是需要確定他們是和教會中一些有責任感、可信賴的年輕人一起約會，並且這個約會的每一項安排都要經過你們的許可。不用約會太久，並且時間愈早愈好、不要拖太晚，要去哪些地方都要向你詳細報告，而且一定要至少兩對以上，其他朋友也要經過你的認可。

當孩子愈來愈成熟，並且以行為證明他們配得信任之後，你可以給他們更多的自由和空間。青少年應該要有好的態度，願意溝通，渴望做對的事，謙卑接受你的教導。在約會方面的自由度和信任，和其他事情一樣，是需要他們去贏取的，不是光用要求就可以得到的。

有些父母可能才剛成為門徒，這一切對你來說還很陌生，更別說你的孩子了。別急著跳到他們的生活中進行全面大改造，先和他們坐下來好好聊一聊，用經文幫助他們了解這當中的基本信念，向他們講道理，解釋你的約會政策，聆聽他們的問題，並且和他們一起討論，取得一致的想法。這比較像是改變壞的習慣和觀念，而不是只有建立好習慣那麼簡單，但是就算你入門較晚，還是可以彌補逝去的時光，只要盡你所能去幫助孩子。他們迫切地需要你的引導和忠告。

享受神國中的喜樂生活

「因靠耶和華而得的喜樂是你們的力量。」（尼希米記8:10）

一個喜樂、滿足的生命，是保護孩子遠離情慾犯罪的絕佳防衛；如果他們的生命被幸福快樂所填滿，就不太會到錯誤的地方去尋求滿足了。如果青少年在神的國中玩得很開心，就不太可能會喜歡外面世界那些有害身心的東西。

孩子們快樂的生活得從家庭開始。有多少的孩子被罪所吸引，是因為他們在家裡只經歷到痛苦、憤怒和不斷的爭吵？我們絕對需要建立快樂幸福的家庭，如果兄弟姊妹之間有親密的連結，一家人常常有歡樂、美好的相聚時光，孩子們比較會努力追求好的生活，以贏得家人的尊重和認可。

再來，我們需要親身示範夫妻之間彼此相愛的溫暖互動。如果孩子們很仰慕我們的婚姻，會更積極地模仿我們，並且聽從我們在性和約會方面的勸告。

孩子們也要積極參與教會中活潑、屬靈的青少年團契，他們需要自己同年齡的朋友，一些屬靈、有趣、彼此建立的好朋友。如果身邊充滿這些令他們欽佩的好朋友，平常可以開心地玩在一起，隨時分享自己的心事，那他們就比較不會到屬世的同儕那兒去尋求肯定。

協助教會主日學和青少年團契的建立和運作，從出生到高中，盡你所能地貢獻，看看自己可以幫什麼忙，親自投入，認識主日學的老師和其他父母，鼓勵孩子多參與各項活動。幫忙接送，開放自己的家讓他們辦活動，提供所需的費用，總之就是多幫點兒忙，盡一切所能，一起來為孩子們安排很棒的活動。

我們會特別鼓勵孩子參加教會主辦的夏令營、研討會、靜修會等等，當孩子們看到有神的國度中有這麼多人齊聚一堂，他們立刻知道，自己正處於地球表面最熱門的活動當中。只要短短幾天的課程和活動，就可以大大鼓勵他們持守信心和純潔，遠遠超過你的想像！

這些活動會大大提升他們的靈性，並且激勵他們對性方面的高標準絕不妥協；另外一個好處，就是他們會遇到一些好的朋友，可以繼續透過網路和電話保持聯絡，這些友誼會持續發展。這當中如果有異性朋友，孩子們會充滿盼望和信心，相信他們有一天會找到這個世界上最棒的另一半！

活在現今的世界中，我們在性與約會這方面真是備受挑戰，如果我們要教導孩子在這方面堅持信念，我們一定要對神和祂的話語充滿信心。用你的生命和婚姻來激勵孩子，向神祈求智慧來教導他們，對他們仔細解釋，一起好好討論。如果我們將孩子的生命建造在神話語和智慧的磐石上，他們可以就免於情慾的陷阱和痛苦，並且會建立起屬於他們自己的、強而有力的婚姻和家庭。

「我兒，你若領受我的言語，存記我的命令，
側耳聽智慧，專心求聰明，
呼求明哲，揚聲求聰明，
尋找它，如尋找銀子，
搜求它，如搜求隱藏的珍寶，
你就明白敬畏耶和華，得以認識神。
因為，耶和華賜人智慧；知識和聰明都由他口而出。
他給正直人存留真智慧，給行為純正的人作盾牌，
為要保守公平人的路，護庇虔敬人的道。
你也必明白仁義、公平、正直、一切的善道。
智慧必入你心；你的靈要以知識為美。」
（箴言2:1-10）

15 單親與複合式家庭

「神叫孤獨的有家。」（詩篇 68:6）

讓我來談談兩種需要特別關切的情況：單親家庭和複合式家庭。

單親家庭

讓數據說話吧！現代單親家庭的數目簡直就是一飛沖天，有愈來愈多的家庭面對這樣的挑戰。教養孩子要處理各種情感、生理和心理的壓力，就算有兩個大人一起面對，也非常地困難，更何況只有一個人獨自面對，這是多麼辛苦呀！

現在讓我們仔細看看，單親父母在教養子女上必須面對和克服的障礙。

孤單

扶養孩子的擔子很沉重，沒有配偶來分攤這些感情上的重擔，孤單可是一個讓人無法負荷的大難題。孩子是很棒的同伴，但他們還小，又得依賴我們，無法體會大人所經歷的感受。再加上單親家庭形成的原因，通常都是由於離婚或喪偶，使得孤單的感受更加令人無法承受。

那些沒有嫁給孩子生父的母親，也是一樣孤單。也許你有婚姻關係，但是卻得獨力扶養自己的孩子（們），這些痛苦、憤怒還有受傷的感受，會壓得你透不過氣來，讓你心灰意冷、空虛絕望，看不到一點點改變的希望。

但這些是不屬神之人的狀況，對於屬神的子民，你們的生命和態度可以有多大不同！我想起一個先知對神偉大的宣告：

「因為造你的是你的丈夫；萬軍之耶和華是他的名。救贖你的是以色列的聖者；他必稱為全地之神。」（以賽亞書54:5）

我相信，神以一種特別的方式，成為這些單親媽媽的丈夫，她們將自己的生命交託給祂。上述的經文指的是神和祂子民之間的關係，但絕對也適用於個人。對一個單親媽媽而言，知道神親自作她的丈夫是多麼激勵啊！告訴我，世界上有比神更好的丈夫嗎？

不論你是單親媽媽或是單親爸爸，神都關心並眷顧著你，祂與你感同身受，並且會以一種特別的方式與你同在，滿足你的需要，就像祂看顧被驅逐的夏甲一樣（創世記21:17-21），祂會用祂的雙臂環抱著你和你的家。神明白什麼是孤單，祂曾經交出祂唯一的兒子；當你極度苦惱、不曉得當怎樣禱告，祂會親自用祂的聖靈安慰你，用說不出來的歎息替你禱告（羅馬書8:26-27）。

而且你還有另一個力量泉源，就是神的大家庭——教會。神叫孤獨的有家，當你重生成為神的子女之後，你就是這個偉大家庭中的一員了。

我強烈地鼓勵你成為教會中有用的肢體，不要讓自己縮到挫折與孤獨的深淵中。學習向其他人表達你的需求，如果別人不知道你的需求，要怎麼幫助你呢？大多數的人除非親身經歷，不然很難完全體會你的感受，別讓這成為你的絆腳石；敞開心胸，將你的需求表達出來，並且盡力保守自己的心不要抱怨，保證你會立刻被想要幫忙的人團團圍住。

另一件很重要的事，就是在教會中找一個屬靈強健的雙親家庭，他們願意照顧你的孩子，和他們建立緊密的關係，讓這對很棒的父母親成為你特別的朋友。鼓勵你們兩家的孩子成為好朋友，努力地經營，讓你們熟悉到可以完全放心讓孩子睡在彼此的家中。

你也要努力，讓這對夫妻覺得可以很自然地幫助你管教和訓練孩子。這些人沒辦法支付你的生活費或是替你過日子，但是他們可以減輕你生活的重擔，讓你的喜樂滿溢，並且讓你感受到美好的安全感。

建立起你們的家庭生活，就算只有你和孩子兩個人，你們還是一個家庭！先將自己視為家中的一員，之後再考慮你的單身身分。這本書中的第九章（屬靈家庭的根基）和第十章（我的家庭真甜蜜）也是為你寫的：家庭聚餐，開始建立優良的家庭傳統，舉行家庭敬拜時間，一起歡樂，享受你擁有的小小家庭。

灰心氣餒與自哀自憐

如果你沒有謹慎保守自己的心，這些孤單和受傷的感受可能會演變成沮喪，甚至是自哀自憐。沮喪氣餒已經非常令人傷腦筋了，自哀自憐更是殺傷力十足：「我真的好可憐，沒有人了解這有多難，沒有人體諒我有多辛苦，為什麼我會這麼命苦啊？」

自憐是一種很危險的情緒，因為表面上這好像很無辜，別人也非常能體諒，但是如果你持續這種感受，它會扼殺你的靈魂。我們看看耶穌的生命和榜樣，我們知道祂面對同樣的感受，祂也是獨自承受生命的重擔，沒有伴侶可以真正體諒祂和理解祂。祂明白你的感受，並且能夠在你覺得沮喪無助時給你最深的安慰。

停止自憐的聲音和念頭：不斷想著如果當初怎樣怎樣就好了；你必須開始相信神對你有更美的計畫。家家有本難唸的經，結了婚的夫妻也有他們的問題；即使神所創造的婚姻應該是非常美好的，但許多人的婚姻其實就像活在地獄一樣。

你願意和一個婚姻很糟糕的人交換彼此的生命嗎？每個人的生命都很不容易，記住，生命中的苦難和試煉是神用來使你茁壯的。

當你陷在自己的感受中不斷掙扎時，你必須要了解，你的孩子需要你堅強起來。如果你動不動就在他們面前掉淚，訴說自己的傷痛和感受，他們可能會充滿不安全感，變得焦躁憂慮。

你可以讓他們知道，有時候你的確很難過，但是要在控制好情緒的狀況下。將你的眼淚向神傾流，還有教會中的好友們。幫個忙，保護你的孩子們，別讓他們以為你已經徹底崩潰，以至於他們必須擔起父母的角色，還要反過來照顧你。

你必須斷然拒絕「我再也受不了了！」的態度。神對你說：「沒問題，你可以的！」祂也說必不叫你受試探過於所能受的（哥林多前書**10:13**）。讓你的心裡充滿神的應許，不論是怎麼樣的挑戰；情感上的、財務上的或是屬靈上的，神都會親自與你同在。信靠神，動起來吧！你會發現每一個問題，神都有解決的方法。

妥協讓步

獨力扶養孩子的壓力，還有孤單的感受，可能會讓我們在情感上和屬靈上都變得很脆弱，脆弱到只要有人對我們示好，給我們一點點的關心，我們就對自己的信念和純潔妥協。沉溺於性關係似乎可以安慰我們孤單的心靈，但是它只會導致更深的絕望；婚姻之外的性關係不但是罪，也充滿著空虛和失落。

就像我們之前討論過的，就算有經文支持我們再婚，我們也只能選擇和一個真正的基督徒結婚（哥林多前書**7:39**）。我們看過很多單親父母和非基督徒再婚，滿心期待好結果，但是一旦耶穌不再是你生命的主，你就會逐步邁向大災難。即使和另一個基督徒再婚，只要有孩子牽涉在內，也是令人卻步的艱難任務。

請記住，你不只是再結一次婚而已，你是將孩子帶入一個極端不同的生命，他們的年紀愈大，這件事就愈困難。

如果你正在考慮再婚，你需要大量的耐心和智慧，過分擔心比魯莽大膽好多了，就算現在你有很棒的交往對象，這段關係也需要通過時間的考驗。[1]

這是一個很複雜、很棘手的難題，遠超過此書所涵蓋的範圍，但是身為一個單親父母，讓我們在作決定時，尋求神的指引，並且懷著審慎的態度與平靜的心來作這些決定。

罪惡感

你們當中有些人成為單親父母是因為婚前性行為的罪，有些是因為離婚。你們陷在罪惡感當中掙扎，覺得當初自己的軟弱和錯誤導致了現在的困境，羞愧感、罪惡感，還有強烈的失敗感是如此地沉重，將你壓得支離破碎。

罪惡感可能會讓你不願意管教孩子，你覺得都是你害了他們，為了補償他們，你試著滿足他們一切的需求，你也可能在沮喪憤怒中對孩子拳打腳踢，事後卻又痛悔不

註1：請參考《情人知己》（*Friends and Lovers*, DPI, 1996）的附錄，對於該如何從屬靈的角度來選擇交往對象，有更完整的討論。

已。

我鼓勵你好好讀一些很棒的經文，像是詩篇卅八篇、五一篇和一〇三篇，還有以弗所書一至三章，這些經文都告訴你，在耶穌裡你已經完全被饒恕了，神沒有按我們的罪過待我們，祂不輕易發怒，且有豐盛的慈愛，祂完完全全地寬恕了你，不要再去回想你的罪孽。別再讓自己活在悔恨當中了。

聖經裡很多偉大的人物都犯了十惡不赦的罪過，但是他們一旦回轉歸向神，神就原諒他們，並且用他們成就了大事。你無法讓時光倒流，挽回你當初所犯的錯，這是為什麼耶穌要為你犧牲祂的生命。接受神的恩典吧！讓祂幫助你面對這些罪和過犯的後果，努力向著標竿直跑，活出美好的生命！

心力交瘁

面對時間、財務和工作上的挑戰，你必須做好下列幾件事：

⑴在時間管理方面要非常自律。你沒有多少時間可浪費！計畫好你的時間表，讓你們家有規律的生活。你不能再過隨心所欲的單身生活了，孩子需要規律的用餐時間，你也一樣。另外，讓孩子也分擔一些家務，減輕你的生活重擔。

⑵養成解決問題導向的習慣，倚靠神。面對你無法改變的狀況，咬著牙努力撐過去，但是如果你有更好的工作

機會，更好的財務、交通和時間安排，那麼就去做吧！

⑶多問意見。問問明智的朋友，讓他們給你一些好點子，改善你的工作狀況，讓你成為一個更受歡迎的員工，也可以找人幫你好好規劃預算和財務狀況。單親的父母們，多到教會問問其他的父母們，如何在教養孩子上做得更好；如果你身邊的弟兄姊妹都是單身，你一定要找一些有經驗的父母們，請他們成為你的顧問，在教養孩子的難題上給你忠告。

⑷讓自己休息一下吧！找一些你可以信賴的家庭和好友，將孩子暫時託給他們照顧一會兒，偶爾渡個假、充充電。讓自己放鬆一下，睡到自然醒，好好地玩個痛快，做你自己愛做的事情，就算只有一兩天，也會有不可思議的振奮效果，你回來後會煥然一新，預備作一個更好的父母親。好好照顧你自己，你的孩子會感激不盡的！

教養孩子的問題

好好讀讀本書討論管教和順服的章節，並且實踐出來。不要認為孩子在單親家庭長大，就一定會變成沒大沒小、被寵壞的任性小孩。對孩子要沉著冷靜，態度要前後一致、堅定不移，神會給你力量，把他們好好地教養成人。還有一件事，如果你和其他單身人士一起住，一個孩子只能應付一個父親或是母親，你的室友當然可以幫得上忙，但是他們不能取代你的角色。

結束單親家庭這個議題之前，我想要提醒你一些重要的事實。你是否注意到偉大的先知撒母耳，就是在單親家庭中長大的？你是否想過提摩太最大的影響力，是來自於他的母親和祖母？你是否好奇過約瑟是什麼時候過世的，留下馬利亞、耶穌和其他的弟兄姊妹，在一個沒有父親的單親家庭中成長？

不管這些答案是什麼，我們都可以確信，神是無比的慈愛和全能的，祂總是讓萬事互相效力，叫我們這些愛神的人得益處，祂對於你和你的家都有個偉大的計畫。信靠神，絕對不要放棄，神會將祂的祝福與恩惠豐豐富富地傾注於你和你的家庭。

複合式家庭

在這裡我指的是由許多不同的家庭組成的家庭，在這樣的家庭中，雙親之一並不是孩子的生父或生母，也有可能孩子的父母親都不在這個家庭內。

這可能會是非常棘手的情況，當我們把不同背景、不同情感和習慣、不同根源的人們放在一起時，大家都要作出錯綜複雜的辛苦調適。這樣的家庭很難倖存，往往是因為孩子不適應父母親的新配偶，反之亦然。如果雙方都有孩子，孩子之間的爭競比較，也常常會導致緊繃的氣氛和父母間的嫌隙。

這樣的家庭到底要怎麼運作呢？

建立屬靈的團結合一

「因他使我們和睦，將兩下合而為一，拆毀了中間隔斷的牆；而且以自己的身體廢掉冤仇，就是那記在律法上的規條，為要將兩下藉著自己造成一個新人，如此便成就了和睦。既在十字架上滅了冤仇，便藉這十字架使兩下歸為一體，與神和好了，並且來傳和平的福音給你們遠處的人，也給那近處的人。因為我們兩下藉著他被一個聖靈所感，得以進到父面前。這樣，你們不再作外人和客旅，是與聖徒同國，是神家裡的人了。」（以弗所書2:14-19）

透過耶穌，一個複合家庭可以建立靈性上的合一，（你仔細想一想，祂的教會不就正是如此？）如果父母親都致力獻身於耶穌，並且教導孩子們要尊崇耶穌，那麼每個人都可以放下個人的成見和喜好，為了耶穌的緣故團結在一起。說起來好像簡單，其實任何的合一，都只有透過耶穌才做得到，複合家庭所遭遇的困難，只是凸顯出我們有多麼需要耶穌罷了。

複合家庭必須非常強調規律的家庭敬拜時間，一起唱詩歌、禱告，一起研讀聖經，這些事可以幫助每個人在天父的慈愛中不斷地靠近彼此。我建議這樣的家庭，特別有大孩子的，每週要舉行一次家庭聚會，彼此敞開心胸，讓他們釐清自己的感受，只要記得一個原則：任何想法和感受都可以說，但是**一定要用尊重他人的態度表達出來**。這樣的家庭聚會，對於鑄造你們的團結合一，有非常大的幫助。

父母一定要團結一致

當你們兩個進入婚姻時，你們就承諾要合為一體，因此，你必須實踐你的承諾，和你的新伴侶在生活的各方面一同致力消除歧見。

複合家庭的成立，是在你自己的生活方式和習慣都已經建立之後。你已經有一套做事情的流程和方法，而要改變習慣可不太容易，而且我們會因為愛和渴望安定而不願放掉舊日的習慣。

父母們，你們倆必須成為彼此讓步的榜樣，你們必須不斷討論如何讓這個家好好運作，讓愛的偉大精神和彼此讓步成為你們的準則。

你們倆得一起想辦法管教孩子，新配偶必須被孩子所尊重，有一定的權柄，也許和親生父母親的有些不同，但是他們在這個家必須是領導者。如果原本的父母親過於保護和控制，新配偶要被孩子接受可就難上加難了。

我和蕾兒曾經幫助過一個家庭，這個家庭有個自私、叛逆又固執的兒子，讓他媽媽吃盡了苦頭。她再婚之後，當這個兒子又想要叛逆時，他的新爸爸試著管教他。雖然這個媽媽過去被欺負得很慘，但是她還是立刻跑過去袒護自己的兒子，不讓她的丈夫好好地管教他。雖然我們盡力幫助這對夫妻同心教養孩子，他們卻從來沒有真正聽進去。很遺憾的，他們離婚了，這個新家庭最終還是瓦解了。

別讓這樣的事發生在你身上！盡全力鍛鍊鑄造你們倆的合一，好好談談你們倆在教養上不同的想法，一起讀經文中對養育孩子的教導。找有經驗、有能力，屬靈的人來幫助你們，一起想出明智的對策來解決難題。多多禱告，善用神所給你的一切資源，祂會幫助你建立和諧的家庭。

贏得孩子的心

如果你是要進入一個家庭的新配偶，可是有許多工作等著你呢！你必須預備滿滿的愛，並要恆久忍耐。你不只和一個人結婚，而且是進入一個新的家庭，這是買一送一不能退的，所以你一定要好好疼愛和關懷你的新孩子。

如果孩子年紀還小，或是只和爸媽其中一方維持關係，那麼你的工作會輕鬆一點。但是如果孩子年紀大了，或是另一方父母親是因為離婚或過世而分離，你得明白你需要無止盡的愛、用心了解他們，還有無數的禱告，才能幫助你建立起這份新關係。孩子們不夠成熟，還會陷入他們自己也搞不清楚的情緒漩渦中，雖然你也不懂，但是請給他們多點時間，禱告神多多動工吧！

如果你是一個家庭的新爸爸，而孩子已經大了，你需要非常有耐心。你必須了解，你不可能一下子就介入，立即展開高壓管教。你可能看過很多行為偏差的孩子，需要父親堅定不移地管教，但是你一定要慢慢來。開始管教孩子之前，給他們多一點時間好好認識你和學習愛你。並且要了解，對於一些年長的孩子，你沒有從一出生就開始養育他們，不要期望自己能夠對待他們像自己的親生孩子。

你沒辦法強迫他們接受你，他們必須自己打開心門讓你進入。有些人想要破門而入，有些人在門外猛力地敲、迫不急待地要立刻打開門，還有些人對於居然有道門這件事非常生氣，巴不得它立刻消失。最後，還有一些人只會坐在門前唉聲嘆氣，覺得自己被惡劣地對待。請你了解，我不是對你缺乏同理心，只是想呼籲你，記得自己所作的決定，並且負起完全的責任。

我鼓勵你學習神如何去贏得人心：當我們拒絕祂時，祂沒有因此停止愛我們，反而為我們犧牲祂的獨生子，賜給我們祂最好的愛；祂耐心等候我們的回應，從來都沒有放棄，一直都滿懷希望，期盼有一天我們終能信靠祂，將我們的心交給祂。我的意思不是叫你成為一塊腳踏墊，任孩子無禮地踐踏，完全不是！我只是說，如果神這樣充滿慈愛寬容地對待我們，我們難道不能這樣對待我們的新家人嗎？

絕對不要嘗試去取代他們已失去的親人。說來奇怪，就算孩子很愛你，但是他們可能不願意將自己的心交給你，他們會覺得這樣背叛了自己的親生父母。孩子和父母的連結是很強的，就算他過去被這個父母親嚴重地虐待，仍然對之有強烈的忠誠和情感，這份愛是無法解釋的，不要試著去減輕這份愛，只要付出你的愛，慢慢的，他們會學著如何愛你。

ଗ୍ଲଓ

我知道關於這方面，還有好多好多沒談到的，如果你身處本章所説的情況，我衷心希望這短短幾頁所涵蓋的內容，對你多少有幫助。

接下來，我們要進入最重要的部分了，這是我們每個人對孩子最大的期盼，就是他們會成為耶穌的門徒。

16　受洗成為耶穌的門徒

「耶穌說：『為甚麼找我呢？豈不知我應當在我父的家裡嗎？』」（路加福音2:49）

就某一方面看來，青少年受洗和成人應該沒什麼分別吧！都是讀同一本聖經，相信同一位神，對同樣的罪悔改，跟隨同一位生命之主。青少年受洗看起來似乎是很單純的事情，但由於他們年紀還小，其實複雜多了。

他們能夠懂到什麼程度？他們需要懂多少？他們這個年紀夠成熟了嗎？他們需要有多少社會歷練呢？我們怎麼知道他們的決定是出於正確的動機呢？這個過程中誰該幫忙？以上所有的疑問，還有其他林林總總的問題，都代表我們需要仔細地來探討這個議題。

體會到自己需要神

為什麼我要跟隨耶穌？為什麼我要成為基督徒呢？這些是孩子們會問自己的問題，我們可能沒發現，其實孩子問的就是這些再明顯不過的問題。孩子和我們可能都著眼在到底要不要成為一個門徒，還有自己要如何委身奉獻，但是卻忘了更深的關鍵，那就是背後的動機和渴望。

請記著，當耶穌呼召他的門徒時，祂是這樣起頭的：

「若有人要跟從我……。」（馬可福音8:34）這個「若」字，正確來說應該解釋為「想要」或是「渴望」，所以，這句話應該這樣說：「如果任何人**渴望**跟從我……。」這是說如果年輕人決定跟隨耶穌，他們需要**發自內心渴望**這樣做。如果我們先著眼於成為門徒實際上該怎麼做、該怎樣全心投入，可就本末倒置了。

讓我們用婚姻來比喻這個狀況，就算這並不是完全類似的狀況，但是這個比喻可以幫助我們明白，孩子需要先理解他們**為什麼**要作門徒。假如你對你青少年的孩子說：「有一天你會結婚，這件事非同小可，這是個非常重大的決定。當你結婚後，你一生都必須對一個人永遠忠誠，怎麼樣？你準備好了嗎？」

哇噢！一開頭就大錯特錯！讓我們這樣說吧：「有一天，你會遇到一個人，你全心全意地愛著他。那時候你會了解，如果沒有他，你的人生就再也不會完整；只要有了他，你會得到完全的滿足。你會成為你命中注定的樣子，你也會成為他生命中的祝福。當你遇到了這個人，也深深愛上了他，你就會渴望將你的愛和你的心全然地獻給他。」

抓到重點了嗎？我們的青少年孩子，必須被呼召他們的「那位」所激勵，而不只是被「這個呼召」的本身所激勵。我們最深的需求就是被愛和去愛，只有神，這位愛的本體，才能夠滿足我們最深的需求。就算我們的確有被寬恕的需求，這也不是最重要的需求；寬恕讓我們得以被赦免，但這是為了讓我們和神有一份關係。沒錯，青少年的確需要明白他們自己的罪，並且為之憂傷痛悔，但是真正的問題是罪使我們與神隔絕，這才是重點。

揮之不去的孤單感，催促著青少年藉著罪中之樂來滿足自己（或是朋友、物質），其實這份孤單的深淵只有神能夠滿足，就像耶穌對撒馬利亞婦人所說的：

「凡喝這水的還要再渴；人若喝我所賜的水就永遠不渴。我所賜的水要在他裡頭成為泉源，直湧到永生。」（約翰福音4:13-14）

當你們家中的青少年孩子體會到這個需求，這個只有神可以滿足的需求，那麼受洗最重要的關鍵點：「為什麼要受洗」就解決了。

身為父母，我們無法強迫孩子體會到這個需求，但是我們可以幫助他們明白，我們可以分享自己當初的故事。怎麼做呢？我們可以分享神的話語，還有自己的經驗，啟發他們去體會；我們可以用自己的信心去激發他們，還可以用自己的真心去鼓勵他們。

下定決心

「於是叫眾人和門徒來，對他們說：『若有人要跟從我，就當捨己，背起他的十字架來跟從我。因為，凡要救自己生命的，必喪掉生命；凡為我和福音喪掉生命的，必救了生命。人就是賺得全世界，賠上自己的生命，有甚麼益處呢？人還能拿甚麼換生命呢？凡在這淫亂罪惡的世代，把我和我的道當作可恥的，人子在他父的榮耀裡，同聖天使降臨的時候，也要把那人當作可恥的。』」（馬可福音8:34-38）

在上述的經文中，耶穌清楚地列出要成為祂門徒的基本要素：

⑴深切的渴望。就像我們之前所說的，一切都始於「想要」或是「渴望」，孩子們若要真正受洗歸入主，必須發自內心真誠地想跟隨耶穌。

⑵真實無偽的信心。孩子們若要將他們的生命交託給耶穌，必須全然地信靠祂。在基督教的家庭中長大，不代表我們的孩子就對神一點兒懷疑都沒有，他們也可能懷疑耶穌是否真的是神的兒子，或是聖經是否真的是神的話。我們的孩子要決定是否跟隨耶穌時，每一個都經歷過不同的懷疑。

到了那個時候，我和蕾兒都會大大地鬆了一口氣，他們終於開始思考自己的生命，而不只是沿襲我們的信仰。當你的孩子有這樣的懷疑時，可別陷入恐慌，也不要害怕。指引他們尋求一些資源，幫助他們為自己找到答案，並且分享你自己如何面對、克服疑惑。他們會找到屬於自己的信心，並且是通過他們自己驗證的。

⑶捨己。耶穌對於門徒的要求是「就當捨己」；其實受洗歸入耶穌，基本上就是捨棄自己，這個「自己」的定義，就是你內在最真實的自我。

青少年若無法認識真實的自己，是不能受洗的；如果他們從來不認識自己，或是面對真實的自己，要怎麼捨棄呢？青少年必須了解自己是如何對神表達自己的悖逆，並且了解生命中如果沒有神的掌控，他們會成為怎麼樣的一個人。

一旦他們了解了這一點，他們才有辦法真正決定「不再為自己活，乃為替他們死而復活的主活。」（哥林多後書5:15）

⑷背起自己的十字架。耶穌挑戰每一個門徒要「背起他的十字架」（34節），這是什麼意思呢？簡單地說，我們必須將舊我（加拉太書2:20）、將這個世界（加拉太書2:21），還有將自己的罪（歌羅西書3:5-11），都釘死在十架上。在第⑵點中我們已經討論過什麼叫做將舊我釘在十架上，那麼要如何將「這個世界」和「罪」也釘死在十架上呢？

「這個世界」是指所有不願意順服神的人和權勢（約翰一書2:15-17；以弗所書2:1-3）。正在考慮跟隨神的青少年孩子，一定要好好看清這個世界的本質，還有這個世界擁護的價值觀，才有辦法作真正的決定。他們不需到外面去體驗世界的每一個層面，但是他們必須走出自己家裡和教會的小圈圈，認識外面的世界是怎麼回事。

「罪」的觀念就比較容易理解了，聖經裡有明確的定義。青少年孩子必須看清楚他們在行為和態度上所犯的罪，甚至是他們自己沒注意到的罪；他們一定要深刻地了解，罪會觸怒神、傷害神，他們要果斷地離棄他們的罪。

以後若是罪又想要引誘他們時，他們一定要再次將之釘在十架上（路加福音9:23）。

(5)**致力獻身**。耶穌呼召他的門徒要跟隨他（34節），這是門徒生命的基本特質，一種全然委身的跟隨，一生順服並模仿耶穌。青少年孩子必須了解這是他們這一生最重要的決定，關乎他們一輩子的決定。當他們非常認真地看待這個呼召，也認識呼召他們的神有多麼偉大，他們才會作出適當的決定。

(6)**傳揚耶穌**。耶穌說我們不能以祂的道為恥（38節），當祂呼召第一批門徒時，祂就宣布要使他們成為「得人的漁夫」（馬可福音1:17）。如果青少年要像耶穌，他們就必須預備去傳道，背負傳揚好消息的大使命，並且幫助別人成為門徒。

青少年孩子也必須裝備自己，當他們傳揚這個信仰時，會遭遇到別人的敵對和批評，甚至是逼迫。

成熟度

你們心中一定開始問：「我怎麼知道孩子什麼時候才夠成熟呢？」我個人用下列的問題問我自己。（請注意這些問題是和上段內容平行的。）

(1)孩子的成熟度足夠讓他們決定自己的生命方向嗎？

(2)他們是否認識自己，明不明白生命中如果沒有神會變成怎麼樣？他們預備好要將人生的操縱權放下，交給耶穌了嗎？

(3)他們是否面對自己犯下的罪行呢？他們是否準備好未來成為門徒後，要將不斷引誘他們的罪釘死在十架上？

(4)他們準備好要跟隨耶穌了嗎？他們是否愛慕、欽佩耶穌？他們知道這是一個很重大、很全面性的決定嗎？

(5)他們準備好要站在耶穌這一邊，為祂作見證了嗎？他們是否知道，因為跟隨耶穌，他們會遭遇到逼迫和敵對，並且被某些人所厭惡呢？

這些問題不是一張用來核對的清單，或是為了得到標準答案，而是用來幫助我們評估自己孩子的成熟度和能力。孩子們不需要等到長大成人才受洗成為門徒，但是他們必須脫離純真無辜的幼童時期，成熟到能夠深思人生中的重大嚴肅議題。

青少年沒辦法完全精確地知道門徒生命是怎麼一回事（其實我們大人也不知道），但是他們要有足夠的成熟度，明白作這個決定的基本要素，如此，當挑戰和試驗來臨時，他們才會有所預備，並且仍然持守這個信仰。

動機

動機這回事，對任何人來說，都會令我們充滿疑惑和混淆。聖經中說我們的心比萬物都詭詐（耶利米書17:9），而且我們沒辦法每次都正確地評斷自己（哥林多前書4:3-4）。如果這件事對成熟的大人而言都很困難了，那麼對於不諳世故、缺乏經驗的青少年而言，更是難上加難。

當青少年孩子想要跟隨耶穌時，可能會出於一些不恰當的動機：

- 想要取悅自己的父母親。
- 迫切想得到教會青少年團契的認可。
- 年紀到了，就做「別人期望自己要做的事」。
- 一種膚淺的追求，想要擺脫罪惡感。
- 不想要下地獄，一種買保險的心態。

我們可以看得出來，以上的動機都有些許事實在裡面，但是這並不是耶穌對一個真正門徒的要求。以下才是耶穌想要的動機：

- 愛神超過這個世界的一切。
- 對神和祂的兒子耶穌基督有真實無偽的信心。
- 對神的話語有深刻的信念。
- 滿心感激，並全然倚靠神的恩典。
- 對耶穌的十字架有個人的回應。
- 充滿熱情想要跟隨耶穌，渴望能夠效法祂並服事祂。
- 明白如果沒有耶穌，我們都無法與神連結。
- 為神分別為聖的堅定決心。

我們必須幫助孩子釐清他們的動機。有些青少年對自己有正確的認識，有一顆很單純的心，還有純正的動機；也有些人比較複雜，需要別人幫助他整理清楚。

有些青少年可能對於他們的動機錯誤或是不堅定一點兒也不以為意，我們一定要用經文幫助他們有自知之明。

當你這樣做時，我得警告你不要讓青少年陷入過度的自我反省，以至於他們開始全盤地自我懷疑，我們可能會害他們過於鑽牛角尖，反而一點兒頭緒也理不出來。

有些孩子的心比較麻木剛硬，他們可以承受比較強烈的挑戰，也需要挑戰他們的誠意。別太天真，如果我們無法戳破他們的假面具和詭詐的心，他們可能永遠也不會好好面對自己的罪，然後真心悔改歸向神。

最重要的是，向神祈求智慧並多請教別人意見。身為他們的父母，在面對這些敏感又困難的判斷時，我們需要別人幫助我們有客觀的態度。

方法

我們該怎麼做呢？誰該幫助我們的孩子研讀聖經？我們在這個過程中的角色是什麼呢？我們應該介入多少？這些問題都沒有固定答案，變數太多了，連我們自己都搞不清楚。

首先，我們和孩子目前的關係如何呢？是親密還是緊繃？

再來，要與我們敞開心胸深談，對孩子來說是很簡單還是很難？

第三，我們自己有多少幫助別人歸向神的經驗？我們在這方面的智慧和洞察力如何？

還有，孩子研讀聖經的過程中，家庭內是否有些爭執和衝突需要解決？我們是否需要別人的協助？

當我們的孩子接近可以研讀聖經的年齡時，這些只是其中一些需要考慮的問題。

最好的方法就是將孩子研讀聖經和受洗視為團隊合作的過程。父母親的影響力和洞察力當然是很重要的，我們不應該是被動、漠不關心的角色，但是其他人的貢獻也很重要。身為父母，我們可能沒辦法客觀地評估自己孩子的屬靈狀況，我們可能過於嚴苛或是過於寬容，不是緊張過度太過疑心，就是太過天真信任孩子。讓他人參與這個過程，可以確保這個極為關鍵的過程中，讓孩子得到最好的諮商和協助。

另外一些關鍵人物，就是孩子在教會中已經成為門徒的好朋友。有同年齡的好朋友可以開誠布公地聊天，對孩子有很大的影響。身為他們的同儕，這些青少年門徒們比我們還要了解孩子的感受、需求和掙扎，他們也是孩子們的模範。當自己「最好的朋友」活出美好的門徒生命時，沒有什麼比這個更好的見證了！

我還記得當我們住在紐澤西時，我的大女兒莉莉就是在一個青少年的生命中，扮演這麼關鍵的角色。這個青少年女孩當時和教會一些成熟姊妹一起研讀聖經，莉莉也參與其中，她們在這個過程中成為很好的朋友。我還記得當那個女孩努力消化這些教導時，她們有許多的談天和對話。莉莉以同儕的身分，向她分享自己在歸向耶穌時面對的許多問題，這些幫助這個女孩有很大的改變。那個女孩真的受洗歸入耶穌了，而過了這麼多年，她們現在仍然是親密的摯友。

了解

要幫助孩子對自己的罪有所認識和體悟，我們必須要運用極大的智慧，我鼓勵你仔細研讀路加福音十五章11至32節，就是大家所熟知的「浪子的比喻」。耶穌用這個簡單的故事精闢地闡述了人類的天性，當我們要了解自己的孩子時，這個故事提供了我們非常寶貴的幫助。

這個故事中有兩個兒子，小兒子離家了，大兒子一直和父親待在家裡。小兒子的個性很倔強、很獨立，他對父親的叛逆是顯而易見的。他離了家，夜夜笙歌，在充滿妓女和烈酒的荒宴中，盡情放縱自己。

而大兒子雖然從來沒有公開忤逆過父親的權威，內心卻有非常嚴重的問題，他一點兒也不快樂，非常地冷漠無情，對於自己的本分既憎恨又厭惡。他的內心因著潛在的憤怒而翻騰著，他覺得父親欺騙了他，對他只有苛刻的要求。雖然他和父親住在同一個屋簷下，他的內心和感情卻離父親非常遙遠。

我們家的孩子是哪一類的呢？我相信在這兩個兒子身上，我們都可以找到自己孩子的影子。

保羅很清楚世界上有不同的罪，也有不同的罪人。

「有些人的罪是明顯的，就先受審判；有些人的罪是後來才顯露出來的。」（提摩太前書5:24，新譯本）

我們不可以縱容孩子像「小兒子」一樣叛逆、自大，如同保羅在上述經文所描述，他們的罪是「顯而易見」

的。他們是如此愚頑，唯一能夠讓他們乖乖就範的方式，就是讓他們走到山窮水盡的絕路。如果我們一直將他們從「豬舍」裡救出來，幫他們收拾善後，其實是害了他們，讓他們沒辦法透過挫敗的過程醒悟過來。

「大兒子型」的孩子則需要不同的方式，他們的罪是「後來才顯露的」，比較難捉摸和察覺。如果我們過於緊張，用很嚴厲的方式對待他們，好像他們很放蕩荒淫、或是快要變成毒品販子，那可就大錯特錯了。這樣只會讓孩子們覺得很挫折，讓他們以為一定要為什麼滔天大罪悔改，才可以成為門徒。

但是我們要了解，大兒子的罪和小兒子的悖逆一樣嚴重，某種方面來說，我們甚至要對「大兒子型」的孩子更加謹慎，因為浪子故事的結局是小兒子回頭了，大兒子卻和他的父親在門前爭執不休，固執倔強、毫無悔意。

以我的大女兒莉莉為例，她悔改歸向神的過程，就是這樣延遲了一段時間。她查考加拉太書五章19至21節並自負地檢視自己的生命，看看她是否有任何姦淫和醉酒之類的罪行，當然是沒有；但是她沒有看到，她的罪主要是在內心態度方面，像是驕傲、嫉妒還有倚靠自己。她變得非常挫折和疑惑，有好一段時間，她真的放棄努力了。

幾個月之後，她嘗試著再次尋求她和神的關係。我和她有段交心的深談，幫助她看到她最大的罪其實是驕傲、自給自足，還有不倚靠神和身邊的人。我跟她說一個非常明顯的例子，有一次她對她媽媽說：「也許我可以靠著自己有很成功的人生，也可以完成許多偉大的事情，不需要神我也做得到。」

神給予她這麼多，為她犧牲了這麼多，她卻是這樣看待神。當莉莉看清楚她真正的問題之後，她完全清醒並謙卑了下來，為她自己對神的態度感到憂傷痛悔，沒過多久她就完全悔改並且受洗歸入耶穌了。

不住地禱告

有什麼比禱告更好的方式呢？我們應該為我們的孩子每天禱告，超越一切的智慧、經驗、技巧、方法或是話語，神一定要親自在孩子的內心和生命動工。在我們的孩子尚未出生前，甚至是懷孕前，我就開始祈求有一天他們會將自己的生命交給耶穌，我現在還是每天為他們禱告，我會一直禱告，直到我停止呼吸的那一刻。不論他們身在何處，不論他們現在的屬靈狀況如何，我都會在禱告中將他們的名字帶到神的寶座前。

禱告是我們能為孩子所做最偉大的事，最終只有神能拯救我們的孩子。父母的角色很重要，但不是最重要，我們要向孩子指明那位比我們更偉大的神，祂有能力贏得他們的心，激勵他們的信心，並且在他們的一生中不斷動工，幫助他們找到回家的路，找到他們靈魂真正的歸處。

收場白

我們希望這本書可以減輕你的重擔，而不是變得更加沉重，所以我們希望可以幫助你知道如何回應這本書的教導。

我們提供你幾個指標，希望可以幫助你開始這個偉大的工作，並在神的道路上繼續堅持。

無論你在什麼狀況，開始著手改變吧！改變永遠都不嫌晚，就算你的孩子已經很大了，你還是可以在他們的生命造成一百八十度的大轉變。不要因為你之前犯的錯誤而沮喪灰心，不管你之前犯的錯誤有多麼糟糕，別再浪費時間妄想可以重來一次。打起精神面對你過去的失敗，從錯誤中學習，繼續進步。我們所事奉的神，是寬恕和醫治修復的神。

從根本開始著手。本書的第一章（最重要的擺第一）和第九章（屬靈家庭的根基），就是本書所有教導的根基，從這些根本開始努力，然後隨著你的屬靈力量不斷增強，再開始實踐其他章的教導。

尋求幫助。沒有任何一本書可以取代你身邊那些屬靈、明智的基督徒，他們會給你量身訂做的忠告。神將教會的弟兄姊妹賜給我們，激勵我們，並且提供實際狀況的指引。生命太複雜了，只有理論性的解答是不夠的，我們需要身邊實際的幫助。

不要放棄。當你試著在家中實踐本書的教導時，你自己和其他的家人都不會如你期望的一下子就徹底改變。家庭是我們最容易暴露自己軟弱的地方，羅馬不是一天造成的，你努力想要達成的目標往往會需要一段時間。你要抱持著崇高的理想，但是要一步一腳印地前進。看看你自己已經進步之處。

讓神動工。神安排了生命中所有的事件來管教和訓練你們一家人，只要你給祂時間，祂會讓最艱難的困境都變成祝福。努力吧！但是不要忘了禱告，並且耐心等候神，成就只有祂能成就的事工。

「不要怕他們！當記念主是大而可畏的。你們要為弟兄、兒女、妻子、家產爭戰。」（尼希米記4:14）

生活叢書 3

教子有方

作　　者：梁牧山、蕾兒
審　　校：周善謙
譯　　者：吳欣怡、趙恬綺、林政嘉
編　　輯：洪懿諄
封面設計：黃聖文
版型設計：張凌綺
封面攝影：邱清訓

發 行 人：鄭超睿
出版發行：主流出版有限公司 Lordway Publishing Co. Ltd.
地　　址：23199 新店郵局第20-85號信箱
P.O. Box 20-85 Sindian, Taipei County 23199, TAIWAN
電　　話：(02) 2910-8729
傳　　眞：(02) 2910-2601
電子信箱：lord.way@msa.hinet.net
郵撥帳號：50027271
網　　址：http://mypaper.pchome.com.tw/news/lordway/

經　　銷：

紅螞蟻圖書有限公司
台北市內湖區舊宗路二段121巷28號4樓
電話：(02) 2795-3656　傳眞：(02) 2795-4100

以琳發展有限公司
地址：香港九龍灣啓祥道22號開達大廈7樓A室
電話：(852) 2838-6652　傳眞：(852) 2838-7970

Christian Communications Inc. of USA
9600 Bellaire Blvd., Suite 111, Houston, TX 77036-4534, USA
Tel: (1) 713-778-1144　Fax: (1) 713-778-1180

Raising Awesome Kids – Reloaded: Being the Most Important Influence in Your Children's Lives
By Sam and Geri Laing

2010年9月 初版1刷
書 號：L1006
ISBN：978-986-86399-0-4（平裝）
Printed in Taiwan